超级疯狂阅读系列
追忆功绩卓越的
领袖风采
崔钟雷 主编
知识出版社
U0927700

前言

想知道一个初出茅庐的20岁的年轻人是如何建立起一个地跨亚、欧、非三大洲的庞大帝国的吗？他的军事天才之路又是如何铺就的呢？是天赋的才干，还是战场上的历练让一个年轻人在几年之内就成为了天下无敌的军事将领呢？

想知道彼得大帝是如何在一个骨子里都充满了落后思想的国家中，冲破了重重的阻碍，实行改革，进而建立起了一套崭新的社会制度的吗？他到底拥有怎样过人的胆识和智慧呢？

想知道一个被人奴役的蛮荒之地是如何在蒙昧中觉醒，又是如何建立了一个当今世界最强大国家的雏形的吗？而他的领

导者华盛顿又有着怎样的传奇经历呢？

想知道历史上著名的小个子拿破仑是如何从一个普通的军校毕业生走上了法兰西第一帝国的尊贵的皇位的？他是上天选定的帝王的不二人选吗？那他后来兵败滑铁卢又是如何发生的呢？他是天生的领导者还是时势创造出来的领路人呢？

为什么有的人能流芳千古，而有的人却只是如沙漠中的一粒尘土，随风而逝？翻开本书，你定能找到其中的答案。

本书编排体例科学，版式精美，采用最受儿童欢迎的漫画的形式做插画，希望孩子们在获得乐趣的同时，收获知识。

编　者

2014年6月

目录

领袖的风采

超级疯狂阅读系列

领袖的风采

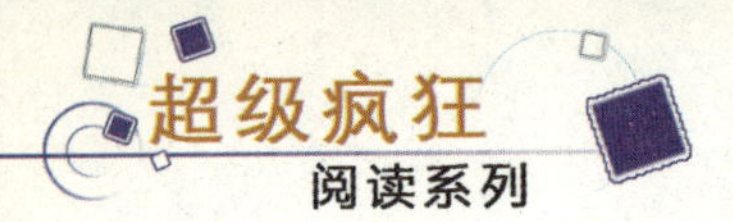

为什么说亚历山大是伟大的军事家

两千多年前辽阔的亚欧大陆上，曾经有过一个你想象不到的庞大帝国，它以巴比伦为首都，西起希腊、马其顿，东到印度河流域，南临尼罗河第一瀑布，北至药杀水。而这个帝国的建立者，是一位年仅 20 岁的年轻人。那么亚历山大是如何做到这一切的呢？

考考你：

为什么亚历山大大帝被称为“左撇子大帝”？

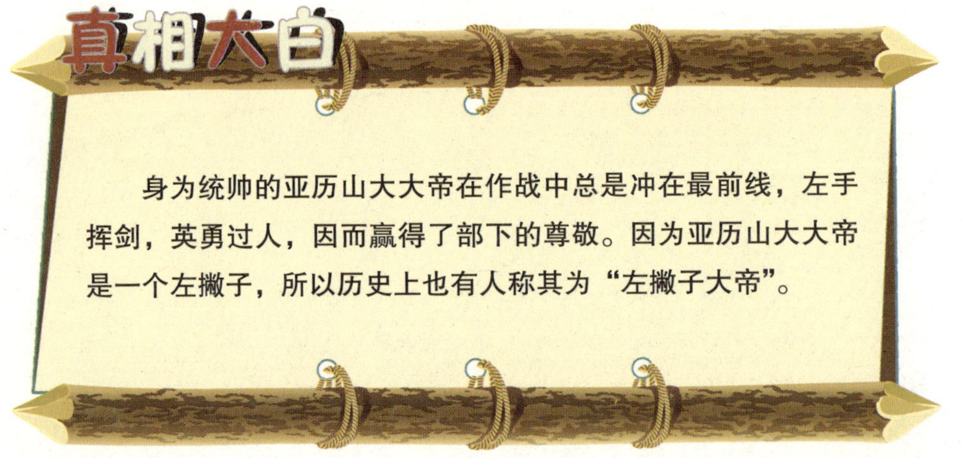

身为统帅的亚历山大大帝在作战中总是冲在最前线，左手挥剑，英勇过人，因而赢得了部下的尊敬。因为亚历山大大帝是一个左撇子，所以历史上也有人称其为“左撇子大帝”。

谜一样的亚历山大

亚历山大的一生是一个谜团。他以迅雷之势创建了一个帝国，而十多年后，一切又随风散去。他的天才似乎是上天所赐，然而，上天很快又赐给他一场恶疾将他带走。

疯狂的名人科普馆

亚历山大（公元前356—前323年），古代马其顿国王，亚历山大帝国皇帝，世界古代史上著名的军事家和政治家。公元前356年，马其顿国王腓力二世的首位王子诞生了，他给这个孩子起名叫亚历山大，并且请来当时最著名的学者亚里士多德做他的老师。亚历山大18岁时，就随父出征，20岁继承王位。他是欧洲历史上最伟大的军事天才，是马其顿帝国最负盛名的征服者，是世界古代史上最著名的军事家和政治家，被誉为欧洲历史上最伟大的四大军事统帅之一。

征服之旅

亚历山大大帝雄才伟略，英勇善战，在担任马其顿国王的短短13年中，领军驰骋欧亚大陆，先是确立了自己在全希腊的统治地位，后又灭亡了波斯帝国。

考考你：

亚历山大的死因是什么？

真相大白

公元前323年，亚历山大突然去世，死因也是众说纷纭。据历史学家研究，亚历山大的死可能是由于酗酒、伤寒、疟疾、急性胰腺炎、西尼罗热或者中毒所致。

公元前336年，腓力二世遇刺身亡，年仅20岁的亚历山大成为了新国王。亚历山大首先统一了希腊诸城邦，紧接着便开始了远征东方。在出征前，他把自己所有的地产收入、奴隶和畜群全部分赠他人。

女儿，你说亚历山大与我大流士三世斗，不是自取灭亡吗？

⑥

亚历山大的军队仅有 3 万名步兵、5 000 名骑兵和 160 艘战舰。波斯帝国却拥有数十万大军，400 艘战舰。而且，波斯帝国面积比马其顿王国要大 50 倍。所以，波斯皇帝大流士三世根本就不把马其顿军队放在眼里，觉得这个乳臭未干的毛头小子不过是以卵击石。

亚历山大并不是仅凭一腔热血而出征的，他发现波斯帝国实际上内部已经四分五裂，皇帝又是个昏君。所以，亚历山大首战大捷，士气大振,不少城邦甚至不战而降，更有很多人把亚历山大视为将他们从波斯人统治下解放出来的救星。

希腊化时代

虽然战争是残酷的，但是此次远征，客观上促进了东西方的文化交流。取得胜利后，亚历山大同波斯国王大流士三世的女儿斯塔提拉结了婚，许多马其顿的将领也都娶了波斯显贵家族的女儿，同日举行婚礼的有一万对之多。

这场在波斯苏萨举行的婚礼被称为史上第一场集体婚礼，人数之多、规模之大都是难以想象的。

疯狂的历史学家说

希腊化时代占主导地位的政体，是存在地区差异的以国王为中心的君主专制。社会生产力有所提高，农业、手工业和商业都有一定程度的发展。文化方面，数学、物理学、天文学等都有很大发展，以欧几里得、阿基米德、阿里斯塔克等为代表，出现了一大批影响深远的科学家。

亚历山大下令，让三万名波斯男童学习希腊语和马其顿的兵法。亚历山大去世以后，希腊文化依然在亚洲得到不断传播。历史学家称此现象为希腊化，将从亚历山大起到埃及被罗马征服为止这一段时间称之为希腊化时代。

⑧

考考你：

亚历山大是如何解开难解的绳结的？

真相大白

传说，戈迪亚斯王曾系了一个复杂的绳结，并断言谁能解开就会成为亚细亚王，可一直没人能解开。亚历山大看见后思考很久，最后一剑将其劈开，而戈迪亚斯王的预言最终也成真了。

看完不后悔

在亚历山大十多岁的时候，他的父亲腓力二世送给他一匹俊美的烈马，这匹马野性难驯，谁都不让骑。这可把小亚历山大给难住了，他总是在屋子里来回走动，思考着驯服烈马的方法。一天，他正在思考如何驯服烈马，突然脑海中闪过一道灵光。随后，小亚历山大露出了坚定的笑容说道："我一定能将这匹烈马驯服。"两天后，小亚历山大真的驯服了这匹烈马，迎着太阳奔跑在大地上。小亚历山大把这件事告诉父亲后，父亲欣慰地对他说："我亲爱的儿子，你长大后找一个适合你的王国吧，马其顿对你来说太小了！"

小朋友们，你知道小亚历山大是如何征服这匹烈马的吗？

你一定猜不到，原来亚历山大发现这匹马居然怕自己的影子，所以只要向着阳光奔跑，就可以轻松驯服它！

残酷的结局

公元前 323 年，亚历山大在巴比伦不幸身亡。亚历山大感慨自己奋战十余年，战无不胜，却胜不了死亡。他命部下在他死后将自己的棺材两侧留上孔，将其两只手伸出，以示后人，他虽一生奋战，终究两手空空离去。

名人宝贵遗产

山不走到我这里来，我就到它那儿去。

——亚历山大大帝

把世界当作自己的故乡。

——亚历山大大帝

把财富分给别人，把希望留给自己，它将带给我无穷无尽的财富。

——亚历山大大帝

当正义之剑挥出之时，听到作恶者的哭嚎是必然的!

——亚历山大大帝

狮子率领的羊群战斗力远胜由绵羊率领的狮子。

——亚历山大大帝

罗马帝国是古代最负盛名的帝国，它是古代文明的发祥地，又是古代世界各民族（埃及、巴比伦、犹太、希腊等等）的思想和文化成果输入西欧的主要通道。而这伟大帝国的奠基者，我们每年都会念到他的名字，你知道这是为什么？

考考你：

屋大维最自豪的事情是什么？

真相大白

“条条道路通罗马”形象地表现出罗马帝国当时发达的交通和繁荣的社会景象。对此，屋大维曾自豪地说：“我接受了一座用砖头建造的城市，却留下一座大理石的城市。”

疯狂的名人科普馆

奥古斯都（公元前63—公元前14年），原名盖·屋大维·图里努斯，身为朱立斯·凯撒的养子，按照罗马的习惯，也被称为盖乌斯·尤利乌斯·凯撒·屋大维亚努斯。历史学家通常以他的头衔“奥古斯都”来称呼他，这个称号是他在公元前27年的时候获得的，那时他36岁。这也是英语“八月”的由来。奥古斯都是罗马帝国的开国君主，最伟大的罗马皇帝之一，统治罗马长达43年。

奥古斯都的重要历程

第一，公元前 44 年，奥古斯都被朱立斯·凯撒指定为继承人。

第二，公元前 43 年，他与马克·安东尼、雷必达结成后三巨头同盟，打败了刺杀凯撒大帝的共和派贵族。

第三，公元前 36 年，他剥夺雷必达的军权，亲自领军在阿克图海战打败安东尼，消灭了古埃及的托勒密王朝，回罗马后开始真正掌握国家大权。

第四，公元前 30 年，他被选举为“终身保民官”；公元前 29 年，他获得“大元帅”称号；公元前 27 年，他获得“奥古斯都”称号，建立起了专制的元首政治，开创了罗马帝国。

仁慈的专制者

共和政体在罗马明显失败以后，大多数罗马人愿意接受一位仁慈的专制君主——比如奥古斯都。这也迎合了奥古斯都的心意，他虽然表面上保持了罗马共和制的形式，实际上却是一位不折不扣的独裁者。公元前 27 年，为了稳定元

考考你：

奥古斯都的继任者是谁？

真相大白

奥古斯都没有亲生儿子，他的一个侄儿和两个侄孙都在他生前过世。因此他收养了继子台比留斯，死前指定他为自己的继承人。

我简直是神一般的存在！

老院议员的情绪，他宣布要恢复共和国，主动辞去了自己所有的政治职务。但事实上，他保留了作为西班牙、高卢和叙利亚诸行省的元首职务。而这三个省恰恰是兵强力壮的省份。元老院也顺水推舟，授予他“奥古斯都”的称号，这个称号源自宗教，在当时人的信仰中，这个称号意味着持有者拥有超越人的权威，并且不会受任何章程法规束缚。

疯狂的历史学家说

奥古斯都在位期间鼓励民众对罗马神祇的崇拜，特别是太阳神阿波罗。此外，他还将罗马战胜埃及的历史叙述为罗马神战胜埃及神。奥古斯都还曾出资帮助维吉尔创作——《埃涅阿德》，也许其中就有着希望提高罗马先人声望的目的吧！除了这些举措外，奥古斯都还曾整顿世风，他赞美婚姻、家庭与生育；攻击奢侈、滥交和通奸，可惜成效不大。

崇高的评价

奥古斯都刚逝世就被当时的人列入神的行列并被神格化。他的姓名凯撒和奥古斯都的称号成了以后400年罗马统治者的永久性称号。

奥古斯都继续扩张，在他的领导下，西班牙、瑞士、加拉西亚（在小亚细亚）和巴尔干半岛许多地区都臣服在罗马帝国的脚下。

考考你：

1.多瑙河是欧洲第一长河吗？

2.莱茵河是西欧第一长河，那么西欧都包括哪些国家？

答案

1.多瑙河是欧洲第二长河，也是世界上干流流经国家最多的河流。

2.西欧在狭义上指欧洲西部濒临大西洋的地区和附近岛屿，包括英国、爱尔兰、荷兰、比利时、卢森堡、法国和摩纳哥。

我会流芳千古！

罗马和平

奥古斯都是一位真正的政治家，他的安抚政策愈合了内战给罗马带来的深刻创伤。他修改了罗马的税务结构和金融制度，创立了罗马第一支常备军。他还组建了一支贴身护卫队——罗马皇帝侍卫队。

考考你：

你知道奥古斯都有什么著述吗？

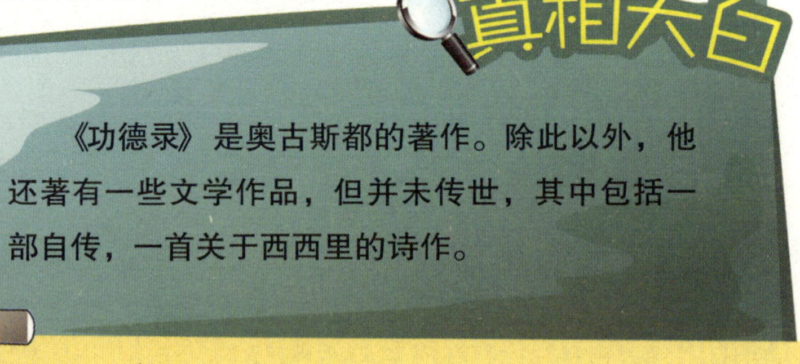

《功德录》是奥古斯都的著作。除此以外，他还著有一些文学作品，但并未传世，其中包括一部自传，一首关于西西里的诗作。

奥古斯都建立了交通部，并完成了一个庞大的交通网，促进了帝国的通讯、贸易及邮政。许多公共建筑在罗马城市内拔地而起，罗马城的面貌焕然一新。一座座教堂突兀而起，奥古斯都鼓励人们信奉和忠诚老天主教会，并推行了鼓励结婚和生育的法律。

古罗马角斗场

古罗马角斗场在意大利首都罗马市内台伯河东岸，为古罗马的象征。

角斗场建于公元 72–79 年，8 万名犹太俘虏作劳役，历时 8 年完成。整个建筑占地 2 万平方米，周长 527 米，可容纳 9 万观众。它是罗马帝国征服耶路撒冷后，为纪念皇帝威斯巴西安的丰功伟绩而建的，它的风格甚至一直影响着现代大型体育场的建筑。

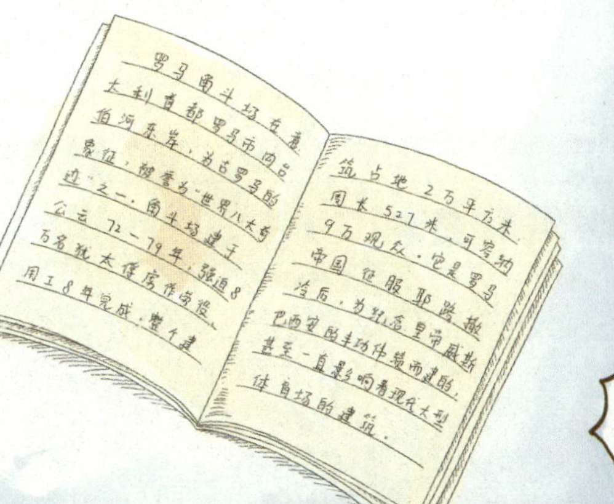

彼得大帝为什么被认为是俄罗斯帝国的开创者

在17、18世纪交替的年代，中国和俄国几乎同时出现了两个彪炳史册的皇帝。一个是中国的康熙大帝，一个是俄国的彼得大帝。这两个人具有很多相似之处，而两人对后世的影响却大相径庭。因为他们有意或无意地选择了不同的发展模式，中俄两国在其后的一百年中，竟出现了迥异的巨变。可以说，彼得大帝是俄国旭日东升前的曙光，而康熙大帝虽创造出一个康乾盛世，却终究是落日前的回光返照。

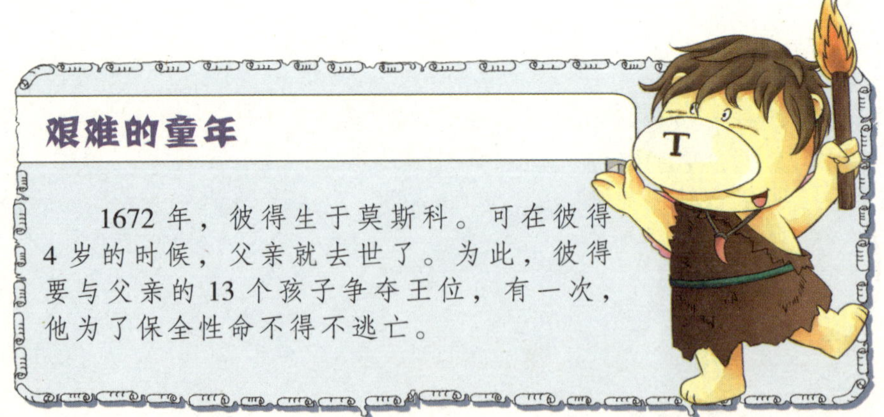

艰难的童年

1672年，彼得生于莫斯科。可在彼得4岁的时候，父亲就去世了。为此，彼得要与父亲的13个孩子争夺王位，有一次，他为了保全性命不得不逃亡。

疯狂的名人科普馆

彼得一世（1672 年 6 月 9 日—1725 年 2 月 8 日），原名彼得·阿列克塞耶维奇·罗曼诺夫，是沙皇阿列克谢·彼得·一世米哈伊洛维奇之子， 1682 年即位，1689 年掌握实权。作为罗曼诺夫王朝仅有的两位“大帝”之一，彼得大帝被认为是俄国最杰出的沙皇。

充满心机的旅行

彼得大帝在位期间，俄国的国号首次定为“俄罗斯帝国”。这位身高 2 米多的皇帝长得高看得也远，是俄罗斯历史上思想最开放、最富有改革精神的帝王。

考考你：

彼得大帝是怎么死的？

真相大白

1724 年秋天，彼得大帝在芬兰湾看到几个士兵在海滩遇险，便奋不顾身地跳到冰冷的海水中去搭救他们，因入秋后的海水冰冷而得病。入冬后，病势加重，最终不治身亡。

1697 年，西欧迎来了一个大约 250 人组成的庞大的俄罗斯使团。这当然是彼得一世的主意，他最初的想法是隐藏在使团里暗暗考察，可他这么大的个儿，怎么能藏得住呢！所以，他就化名鲁尤特尔·米哈伊洛夫，以一个下士的身份随访出行。

旅行期间，他做过荷兰东印度公司的船长，在英国造船厂工作过，也在普鲁士学过射击。他还走访工厂、学校、博物馆、军火库，甚至参加了英国议会举行的一届会议，并且尽最大的努力学习西方的文化、科学、工业及行政管理方法。

彼得大帝 Cosplay Show

改革——剪掉你的胡子

在政治方面，彼得一世建立了完整的中央集权统治：设立参政院，下设 11 个委员会负责具体工作；罢黜大教长，代之以宗教院，使教会成为国家政权的一部分；划分行政区域，将全国分为 50 个省。还颁布了一个“职能表”，将文武官员分成 14 个不同的等级，所有的官员不论门第出身、贵族平民，都要从最底层做起，依靠功绩晋升。

在军事方面，彼得一世实行义务兵役制，引进国外新式武器和战略技术，建立起一支强大的海军。

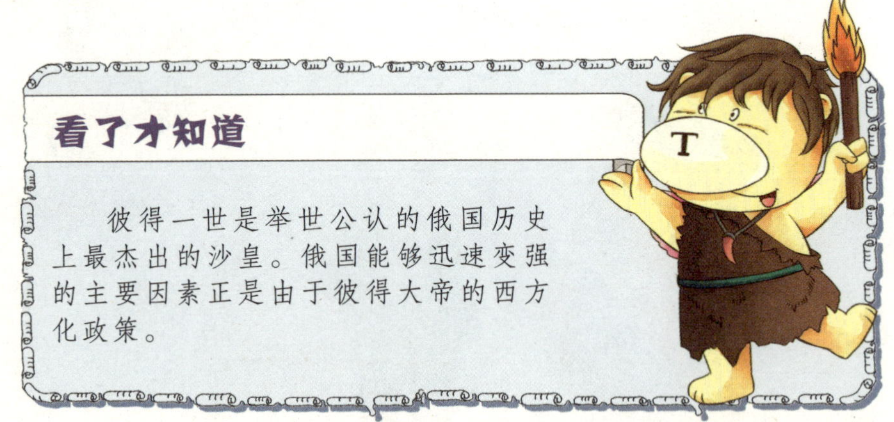

看了才知道

彼得一世是举世公认的俄国历史上最杰出的沙皇。俄国能够迅速变强的主要因素正是由于彼得大帝的西方化政策。

疯狂的历史学家说
BOOK
T
彼得大帝仪表堂堂、身材魁梧、潇洒非凡，但是他的脾气很坏，经常发脾气，甚至大发雷霆。彼得大帝除了政治和军事才能外，还对射击、印刷、航海、造船等做过研究，是一位杰出的帝王。
比我还魁梧！

在经济方面，彼得一世大力鼓励工商业的发展，引进许多西方技术人员，还派遣许多年轻的俄国人到东欧去学习，并允许企业主买进整村的农奴到工厂做工，批准外国人在俄国开办工厂。

彼得一世创办非宗教学校，简化了俄文字母，鼓励发展科学，培养人才。他让俄国有了第一份报纸《新闻报》、第一个博物馆、第一个公共图书馆和第一批公众剧院……此外，他还兴建了新城市圣彼得堡，把首都从莫斯科迁到此地。

圣彼得堡白夜

圣彼得堡还是世界上少数具有白夜的城市，每年的5月至8月，城市中几乎没有黑夜，白夜时漫步在静静的涅瓦河畔，遥望着蔚蓝天空的北极光，感觉犹如在梦幻中一般。

征服之旅

1. 向北方进军

彼得一世一生中另一项伟绩就是军事扩张，打败北欧霸主瑞典，夺取波罗的海的出海口是他最大的梦想。在长达21年的北方战争中，俄国和瑞典打得昏天黑地，鬼哭神嚎！瑞典国王查理十二世也是一位骁勇盖世的帝王、运筹帷幄的天才将领，平丹麦、破波兰不在话下，他更没有把彼得一世这个野蛮的俄国人放在眼里，亲率瑞典7万大军直扑俄国，不料却中了彼得一世的诱敌深入之计，1709年波尔塔瓦大决战，瑞典军主力大败。

2. 向海上进军

此后，彼得一世乘胜出击，扫平了芬兰境内的瑞典军队，强大的俄国海军终于得到大显身手的机会，痛扁了瑞典舰队。1721年，瑞典终于被彻底打败，和俄国签订《尼什塔特和约》，英格利亚、部分卡累利阿（连同凯克斯霍尔姆）、埃斯特兰（连同雷瓦尔和纳尔瓦）、利夫兰（连同里加）和厄塞尔、达哥两岛以及从维堡到库尔兰疆界之间的其他土地归并俄国。彼得一世终于如愿以偿，得到了波罗的海的出海口，建设成为“瞭望欧洲的窗口”。这一年，彼得一世被加封为“祖国之父”和“全俄罗斯大帝”，俄国正式改名“俄罗斯帝国”！

考考你：

彼得大帝有什么特殊的嗜好？

真相大白

残暴是彼得大帝不为人知的一面，他喜欢看处决死囚。他原本很期待自己的大儿子继承皇位，但大儿子却只想当个平凡人。彼得大帝的大儿子在逃离不成被抓回后处斩，而监斩人正是彼得大帝。

报纸报头：圣彼得堡新闻报

主　　编：沙皇彼得一世

头条标题：俄罗斯帝国成立！祖国之父沙皇彼得一世加封“俄罗斯大帝”称号！

号外！号外！俄罗斯帝国成立！

后人纪念

为纪念彼得一世货币改革300周年，俄罗斯银行于2004年8月3日发行一套纪念币，包括3卢布和25卢布银币各一枚。

锦上添花

史学家对彼得大帝的评价：

彼得大帝并不单单是一位顺乎潮流的君主，更是一位站在时代前列的人。在《红色风暴的起源：彼得大帝和他的帝国》一书中作者写道：“彼得大帝是俄国历史上乃至世界历史上声名赫赫的人物，他在自己任期内锐意改革和进取，使俄国由欧洲的穷乡僻壤变成了世界强国。彼得大帝的为政之道、他的个人性格、他的方方面面都在俄国历史上留下了深深的印迹。”

考考你：
彼得大帝最喜欢的称号是什么？

真相大白

彼得大帝非常喜欢亲率部队作战，第一场战役获胜时，他曾亲率部队接受人民的欢迎，像个士官长。他经常以自己的最高军衔——海军中将自居，而不是以沙皇自居。

为什么说华盛顿是美利坚合众国的创建人

两百多年前的北美大陆上，一个有钱人带着一支如同丐帮的“破烂军队”反抗自己的国王。没想到，最后这支“破烂军队”打败了国王的“正规军队”。由此，诞生了当今世界第一强国——美国。这个有钱人就是美国之父——乔治·华盛顿。

从左至右为华盛顿、西奥多·罗斯福、托马斯·杰斐逊、亚伯拉罕·林肯

考考你：

拉什莫尔总统山是怎么回事？

真相大白

华盛顿、罗斯福、杰斐逊和林肯四位总统的脸庞被刻在拉什莫尔山的巨大石壁上，成为美国最知名的雕像群之一，为美国人民所怀念，其中华盛顿的雕像是四人中唯一的胸像。

疯狂的名人科普馆

乔治·华盛顿（1732年2月22日—1799年12月14日），1775—1783年任美国独立战争时大陆军总司令，1789年成为美国第一任总统（全世界第一位以“总统”为称号的国家元首），在接连两次选举中都获得了全体选举团无异议支持，一直担任总统到1797年。

“破烂军队”的胜利

乔治·华盛顿身材魁梧，相貌堂堂，出生在一个家财万贯的北美大庄园主家庭。他曾在美国最古老贵族学院之一的威廉玛丽学院学习测量技术和人文科学，毕业后担任过一段时间的土地测量员。

那个时候，北美还是英国的殖民地，华盛顿家族再有钱，也只是英国国王的臣民。在英国和法国为抢夺北美的一块地盘而闹得不可开交的时候，华盛顿则率领一帮民兵帮着英国人去打法国人，因此得到英国人的赏识。

好吧，那就让我也做一个土地测量员吧！

美国独立战争是大英帝国和北美十三州殖民地的革命者以及几个欧洲强国之间的一场战争。美国独立战争以 1775 年 4 月的莱克星顿枪声为先声。

1752 年，华盛顿在经营农场、手工作坊的过程中饱尝了英国殖民当局限制、盘剥之苦。哪里有压迫哪里就有反抗，为了反抗英国殖民统治，北美十三个殖民地召开了“大陆会议”，建立了革命武装“大陆军”，华盛顿再出江湖，被选为“大陆军”总司令。

孩子们，胜利是属于我们的！

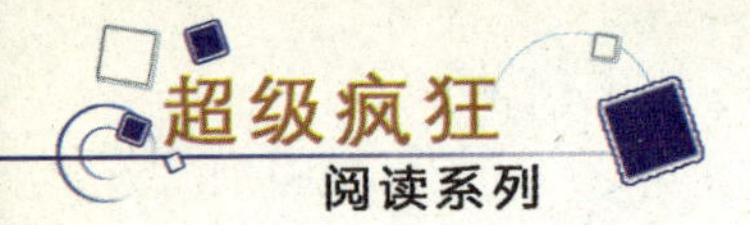

华盛顿接手的军队是一支组织松散、训练不足、装备落后、给养匮乏、由地方民兵组成的队伍。可就是这样一支看似涣散的军队，却令曾吹嘘“只要5 000英军就能扫平整个北美”的英军司令落荒而逃！不过，在随后的纽约保卫战中，由于敌众我寡，大陆军被英军打得惨败，华盛顿被迫率军后撤。

但是华盛顿百折不挠，重整旗鼓，在1776年圣诞节奇袭特伦顿，以伤亡7人的微小代价俘敌900人。1777年1月，华盛顿又奇袭普林斯顿，灭敌400人，仅损失30人。在普林斯顿战役中，华盛顿表现极酷，把与英军的厮杀当作了打猎游戏。

他被奉为战争英雄是因为他用永不放弃的顽强意志激励着军队，使他们能撑过漫长而艰难的战争。在最艰难的日子里，几千美军仅仅穿着单薄的破烂衣服在大雪寒风中行进，实在冷得不行了就点火取暖，饿了就把面粉烤熟再吃，精神不振了就多读两遍《独立宣言》。

1776年7月4日，《独立宣言》在第二次大陆会议上被批准，这一天也成为美国独立纪念日。《独立宣言》是北美十三个英属殖民地宣告自大不列颠王国独立，并宣布此举正当性的文告，也是美国最重要的立国文书之一。本宣言之原件由大陆会议出席代表共同签署，并永久展示于美国华盛顿特区之国家档案与文件署。

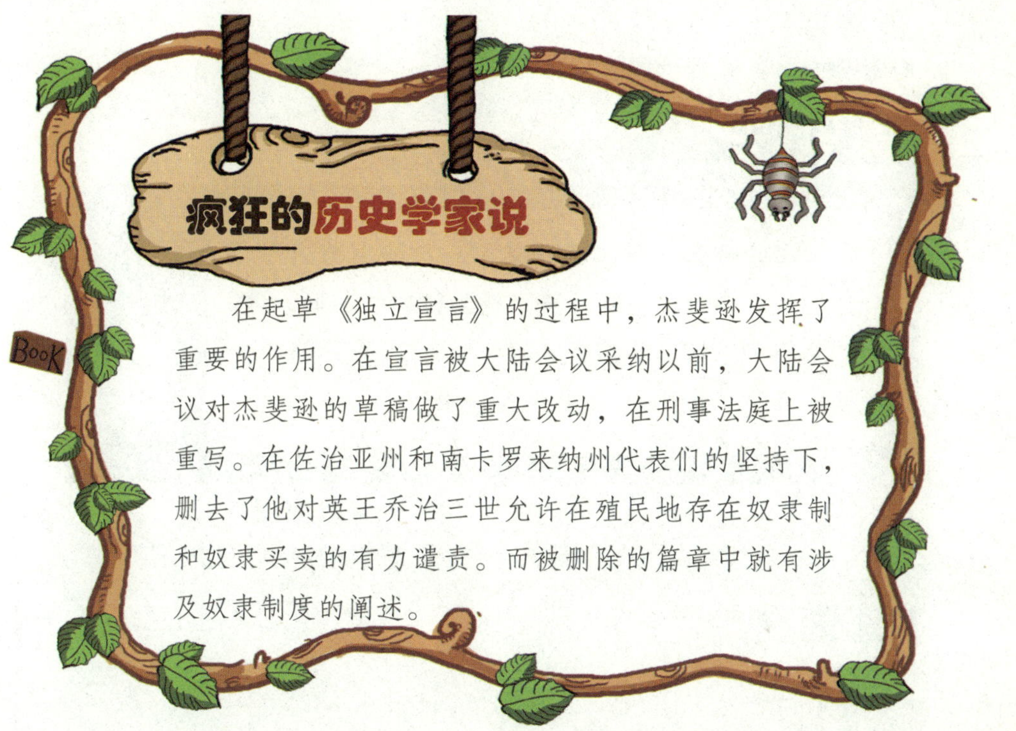

疯狂的历史学家说

在起草《独立宣言》的过程中，杰斐逊发挥了重要的作用。在宣言被大陆会议采纳以前，大陆会议对杰斐逊的草稿做了重大改动，在刑事法庭上被重写。在佐治亚州和南卡罗来纳州代表们的坚持下，删去了他对英王乔治三世允许在殖民地存在奴隶制和奴隶买卖的有力谴责。而被删除的篇章中就有涉及奴隶制度的阐述。

就在美军与英军艰苦作战的时候，法国人也出兵北美对英军作战，这对华盛顿来说，可是天大的好事。1781 年 10 月，华盛顿指挥美法联军取得了独立战争中最大的也是决定性的胜利——约克郡大捷。英军只得投降，结束了北美独立战争。两年后，英国正式承认美利坚合众国独立。

华盛顿的战术

华盛顿的战术没有什么过人之处，只是绝不硬拼、保存实力、骚扰英军、趁敌不备、巧妙突袭，避免过于冒险的行为。

考考你：

华盛顿是如何管理下属的？

真相大白

华盛顿有一个年轻秘书。一次秘书来迟了，他发现华盛顿正在等候着，感到很内疚，便说他的表出了毛病。华盛顿平静地回答：“恐怕你得换一只表，否则我就要换一位秘书了。”

美国国旗全解

美国国旗别称“星条旗”“古老的光荣”，呈长方形，长与宽之比为 19∶10。

主体由 13 道红、白相间的宽条组成，7 道红条，6 道白条；

旗面左上角为蓝色长方形，其中分 9 排横列着 50 颗白色五角星。

红色象征强大和勇气，白色代表纯洁和清白，蓝色象征警惕、坚韧不拔和正义。

13 道宽条代表最早发动独立战争并取得胜利的 13 个州。50 颗五角星代表美利坚合众国的州数。

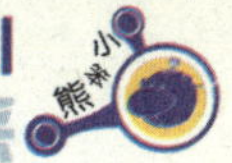

美国首都华盛顿

华盛顿的全称是“华盛顿哥伦比亚特区”，它的名字来源于两位名人——美国开国元勋和发现美洲新大陆的哥伦布。华盛顿在行政上由联邦政府直辖，不属于任何一个州。

推不掉的责任

虽然华盛顿带领美国人民赢得独立，但当美国联邦会议解散大陆军时，他却拒绝了众人让他当总统的请求，回到了自己的庄园，成为一名普通公民。

但是美国是离不开华盛顿的。数年后，美国人又把华盛顿给请了出来，让他主持制定宪法，参加史上第一次总统大选。连续两届的总统大选，华盛顿都全票通过当选总统，他是美国历史上唯一一个无异议投票当选的总统。

英美战争后大火破坏了官邸，1815年重修时为了掩盖火烧痕迹才将白宫涂成白色。

后来，他再次回归田园，做那个自由自在的农场主去了。这也留下美国总统任期不能超过两届的不成文惯例。这个惯例一直到 1940 年才被罗斯福所打破。但在罗斯福死后，这个惯例被正式写进宪法第 22 号修正案里面。

1792 年，美国开始修建总统官邸，也就是我们现在所知道的白宫。不过那时候的白宫可不叫白宫，也不是白色的。

华盛顿对总统官邸也有自己的要求：它绝不能是一座宫殿，绝不能豪华，也无须高大，因为在这里工作的主人是国家仆人。他要求总统官邸要宽敞、坚固、典雅，给人一种超越时代的感觉。因为他坚信自己的国家会很快地富强起来，扩展疆域，在世界上占有越来越重要的地位，所以建造总统官邸含糊不得。

经典的离职

1796 年 9 月 17 日，华盛顿发表离职演说，这次演说成为美国历史上最富影响力的政治演说之一。

现在辞掉这一职责时，我要说的仅仅是，我已诚心诚意地为这个政府的组织和行政，贡献了我这个判断力不足的人的最大力量。就任之初，我并非不知我的能力薄弱，而且我自己的经历更使我缺乏自信，这在别人看来，恐怕更是如此。年事日增，使我越来越认为，退休是必要的，而且是会受欢迎的。我确信，如果有任何情况促使我的服务具有特别价值，那种情况也只是暂时的；所以我相信，按照我的选择并经慎重考虑，我应当退出政坛，而且，爱国心也容许我这样做，这是我引以为慰的。

华盛顿的离职演说成为美国人对待政治的准则，尤其对于之后的世代而言，每当发生关于美国的外交政策应该维持中立与否的争论时，华盛顿的演说便成为主张维持中立者最有力的引言，一直到 1949 年美国开始与其他国家结盟为止。

考考你：

华盛顿的战友是如何评价他的？

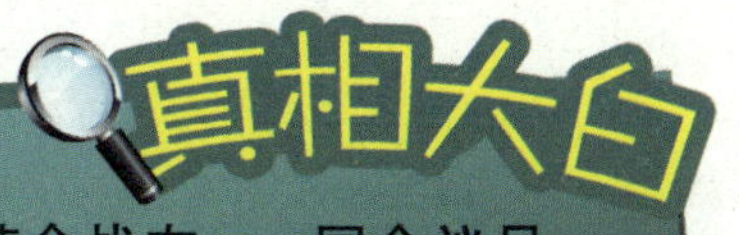

华盛顿死后，昔日的革命战友——国会议员哈利·李对他进行了评价："他是一个公民，他是战争中的第一人，也是和平时代的第一人，也是他的同胞们心目中的第一人。"

疯狂的历史学家说

在世界历史上，华盛顿算不上一流的军事家，也算不上能力最出色的领袖，但他凭借自己手中仅有的薄弱力量与强敌苦斗6年，终于创建了一个新国家，而且这个民主国家的建立深深影响了整个世界。华盛顿大公无私、淡泊名利、以德服众，被尊为美国的"国父"，美国首都的名称也以他的名字命名。

追授乔治·华盛顿为六星上将

国会于 1976 年通过法令，将乔治·华盛顿提升为六星上将，美国只有华盛顿一人独享此殊荣。

美利坚合众国

年少经历影响一生

华盛顿与樱桃树

乔治·华盛顿小时候住在弗吉尼亚的一个农场里。华盛顿的父亲有一棵品种上佳的樱桃树。他非常喜爱这棵樱桃树，并告诉农场里的所有人要对它严加看护，不能让任何人碰它。

有人送了小乔治一把锋利的斧子，他非常喜欢，就用它来砍树枝、砍篱笆。一天，或许是太兴奋了，他竟然砍向了那棵樱桃树。由于树皮很软，小乔治没费多大力气就把树砍倒了。他骄傲极了，觉得自己的斧子锋利无比。

当父亲发现自己心爱的樱桃树被砍倒在地，顿时惊呆了。他问了所有人，但谁都说不知道。就在这时，小乔治恰巧从旁边经过，父亲就问他：

考考你：

华盛顿是如何拒绝老朋友的？

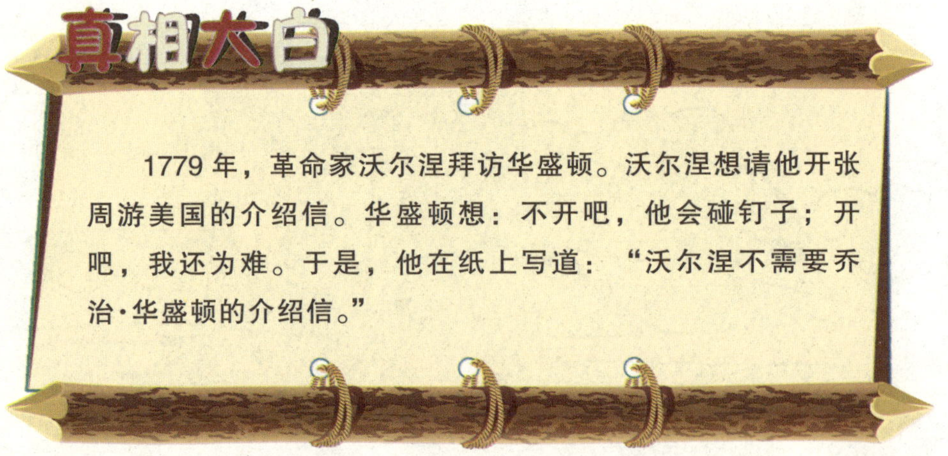

1779 年，革命家沃尔涅拜访华盛顿。沃尔涅想请他开张周游美国的介绍信。华盛顿想：不开吧，他会碰钉子；开吧，我还为难。于是，他在纸上写道："沃尔涅不需要乔治·华盛顿的介绍信。"

名人的宝贵遗产

友情像一棵树木，要慢慢地栽培，才能成长为真的友谊，要经过困难考验，才可友谊永固。

——乔治·华盛顿

这个问题可把小乔治给难住了，看到父亲如此愤怒，他意识到自己的一时冲动闯了大祸。小乔治羞愧难当，脸一红，低下头说出了自己砍树的经过。

小乔治等待着父亲的勃然大怒和惩罚，但是父亲只是静静地看了他很长时间，随后说道:

乔治·华盛顿从未忘记这件事。他一直像小时候那样勇敢、受人尊敬，直至生命结束。

失去了一棵树，我当然很难过，但我同时也很高兴，因为你鼓足勇气向我说了实话。我宁愿要一个勇敢诚实的孩子，也不愿拥有一个种满枝繁叶茂樱桃树的果园。一定要记住这一点，儿子。

为什么说拿破仑缔造了法兰西帝国

即使我身后什么也没有留下，即使我所有的业绩全部毁灭，我的勤奋和我的荣誉，在我死后仍足以鼓舞千秋万代的青年。

——拿破仑

疯狂的名人科普馆

拿破仑·波拿巴（1769年8月15日—1821年5月5日），即拿破仑一世，法国军事家与政治家，法兰西第一共和国第一执政（1799—1804年），法兰西第一帝国及百日王朝的皇帝（1804—1814年，1815年）。其统治下的法国，曾经占领过西欧和中欧的广大领土。拿破仑戎马一生，亲自指挥过的战役约60场，比历史上著名的军事统帅亚历山大、汉尼拔和凯撒指挥的战役总和还要多。

考考你：

你知道关于枪口下救赎的故事吗？

真相大白

一次行军途中，一名警卫为了救拿破仑而坠落山崖，挂在了树枝上。卫兵立即呼喊他，他看树枝结实，便将枪口对准卫兵说："自己爬上来，要不我枪毙你！"卫兵最终自己爬了上来。

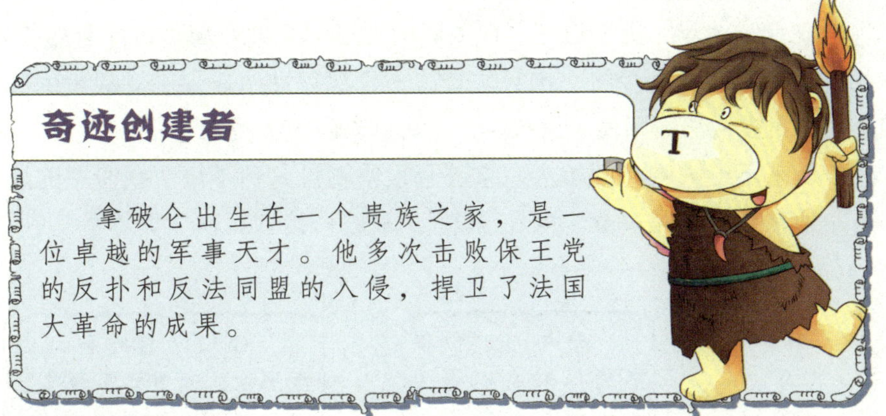

奇迹创建者

拿破仑出生在一个贵族之家，是一位卓越的军事天才。他多次击败保王党的反扑和反法同盟的入侵，捍卫了法国大革命的成果。

重要成就

拿破仑出生在科西嘉岛。科西嘉岛人天生好斗、顽强，拿破仑也不例外，但他性格孤僻，沉默寡言。

拿破仑经常孤零零一个人来到一个岩洞里，斜靠在洞口的岩石上，手拿着书，凝视着地中海的辽阔海洋和蓝色天空一连几个小时。就这样他，度过了一个又一个阳光明媚的上午或下午，谁也不知道他的脑袋里究竟在想些什么。

1784年，拿破仑以优异的成绩毕业于军校，被推荐进了直属法国王室的巴黎军官学校。1792年，由于镇压了保王党的谋反，拿破仑深得奥古斯都·罗伯斯庇尔的赏识，被任命为少将、炮兵旅长。土伦战役和镇压保王党战役的胜利使拿破仑名声大震，法国国民革命政府开始对这个年轻人委以重任。

战争从来不给人喘息的机会，拿破仑很快就投入到了反法联盟军的战斗中去。可是他领导的却是一支“叫花子军”。拿破仑接管后便立即着手整顿军纪，

还无数次地发表具有煽动性的演讲来鼓舞这支队伍的士气。士兵们的尊严和荣誉感被激发了起来。这支曾经是衣衫褴褛、半饥饿的、士气低落和纪律涣散的军队，对拿破仑产生了充分的信任和钦佩。在拿破仑的带领下，他们成为一支所向无敌的优秀军队。

自从拿破仑粉碎了第一次反法联盟之后，便赢得了法国人民的信任与尊重。无数的荣誉在他的头脑里，都比不过正在酝酿的影响欧洲命运的计划，他不再把自己看作是一名普通的将军，而把自己看作一个注定要转变国家命运的人。

锦上添花

据说，拿破仑战领埃及后就开始寻找斯芬克斯身体下埋藏着的宝藏。可是士兵们一直没找到宝藏的入口，恼羞成怒的拿破仑竟然向斯芬克斯开炮。这样，狮身人面像的鼻子就缺了一块。

随着拿破仑在民众中的威信逐渐升高，督政府备感威胁。为了自保，拿破仑只好上报称打算进攻埃及，以开辟法国向印度进军的道路。督政府随即任命他为法国埃及方面军司令。

疯狂的历史学家说

拿破仑可不是只知道打仗的粗人，他还爱好科学。他精通数学和天文学，十分热爱文学与宗教。在远征途中，拿破仑曾下达过一条著名的指令："让驴和学者走在队伍中间。"所以除了2000门大炮外，远征军中还带了175名懂各种学问的学者以及成百箱的书籍和研究设备。在远征埃及时，除发现罗塞塔石碑外，法军探险队深入金字塔内，拿出刻有楔形文字的泥板进行研究，对开启日后考古学对埃及古文明文化的研究意义重大。

考考你：
拿破仑是如何面对弱者的？

真相大白

拿破仑当上统帅后，曾与几位大将到郊外赛马，扬鞭畅奔时突然被几个乞丐挡住。卫兵们举枪呵斥，拿破仑却放慢马速，命令卫兵们和他一同绕道，并大声说："请尊重弱者。"

法国国旗的红白蓝三色，代表的就是拿破仑一直追求的自由、平等、博爱的思想。

1799年，远征埃及的拿破仑获悉第二次反法联盟已经形成，而法军一败再败，国内局势非常紧张，人民怨声载道。拿破仑认为时机已到，立即率亲信离开埃及，返回巴黎。11月9日，“雾月政变”成功，拿破仑迁入卢森堡宫。1804年4月30日，拿破仑晋升至皇帝尊号，拥有世袭权力。5月18日，拿破仑宣告自己为法兰西第一帝国的皇帝，称号为“拿破仑一世”。

拿破仑善于指挥军队和治理被征服的地区，法国有意把权力交给他，比他要求掌握权力更急切。他为法国编撰了《拿破仑法典》，1804年正式实施。这部法典影响深远，即使是在一个多世纪后，也依然是法国的现行法律，同时对德国、西班牙、瑞士等国的立法有重要影响，他倡导的自由、平等、博爱思想随着领土扩张迅速地传遍欧洲大陆。此后，通过数次征战，拿破仑确立了法国在欧洲大陆的霸主地位。拿破仑也兼任意大利国王、莱茵邦联的保护者，以及瑞士联邦的仲裁者，并分别封他的兄弟约瑟夫、路易、热罗姆为那不勒斯、荷兰、威斯特伐利亚国王。

考考你：

你知道拿破仑是怎样面对校园暴力的吗？

真相大白

拿破伦小的时候被一个高年级学生欺负，但他还是先去上课了。下课后，他跑到学长所在的班级让他赔礼道歉，结果被打了回来。这样反复好几次，学长无奈，只好给他道歉了。

除此之外，拿破仑也是最早提出欧罗巴合众国构想并试图通过武力合并来实现此想法的人。虽然他本人并未成功实现这个梦想，但是今天的欧洲正朝着一体化的目标前进。欧盟就是这个构想的作品。

然而，正是他的自信和野心导致了他的失败。他的作为激起整个欧洲的反对，1815年6月18日，滑铁卢战役是他最终的溃败，7月15日拿破仑正式投降，被流放到大西洋上的圣赫勒拿小岛上。

1821年5月5日，拿破仑在不停的痛苦呻吟中，夹杂着“冲锋！冲锋！”的喃喃自语，怀抱着未完成的梦想，离开了这个世界。9年后，新的奥尔良王朝在国民的压力之下将拿破仑的塑像重新竖立在旺多姆圆柱上。1840年，法国奥尔良王朝的路易·菲利普派其子将拿破仑的遗体接回。同年12月15日，拿破仑的灵柩被运回巴黎，在经过凯旋门后被安葬到塞纳河畔的荣誉军人院。

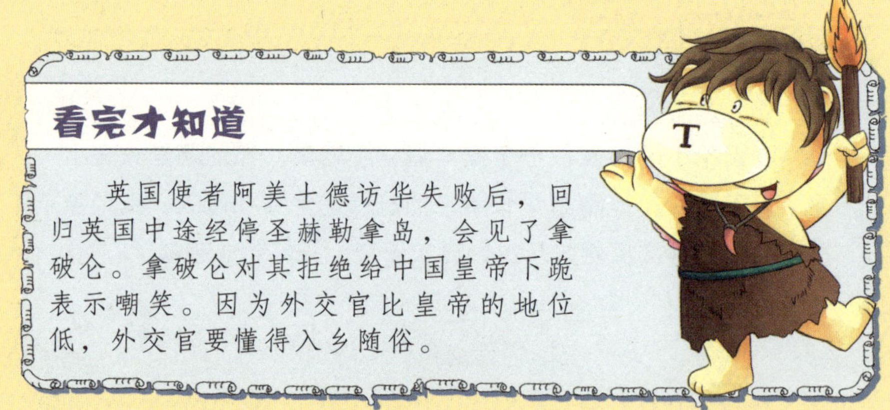

看完才知道

英国使者阿美士德访华失败后，回归英国中途经停圣赫勒拿岛，会见了拿破仑。拿破仑对其拒绝给中国皇帝下跪表示嘲笑。因为外交官比皇帝的地位低，外交官要懂得入乡随俗。

考考你:
拿破仑也有愚蠢的时候吗?

真相大白

据说，拿破仑被囚禁孤岛后，手下送给他一副象棋，但他不知道它有什么用，因此在孤岛孤独终老，其实象棋中有走出小岛的路线。如果拿破仑现在知道，一定会说自己真是大笨蛋。

为什么把甘地视为印度的自由灯塔

说到印度，很多人马上就会联想到一位苦行僧式的人。无论他走到哪里，都会引起一阵阵激动的欢呼，都会有一群信徒自愿跟随着他。这个人就是印度独立运动领导人、国大党领袖莫罕达斯·卡拉姆昌德·甘地。

名人也疯狂

1869 年莫罕达斯·卡拉姆昌德·甘地出生于西印度波尔班达尔贵族家庭。后来，他为了黑人的平等与解放放弃了贵族的生活。

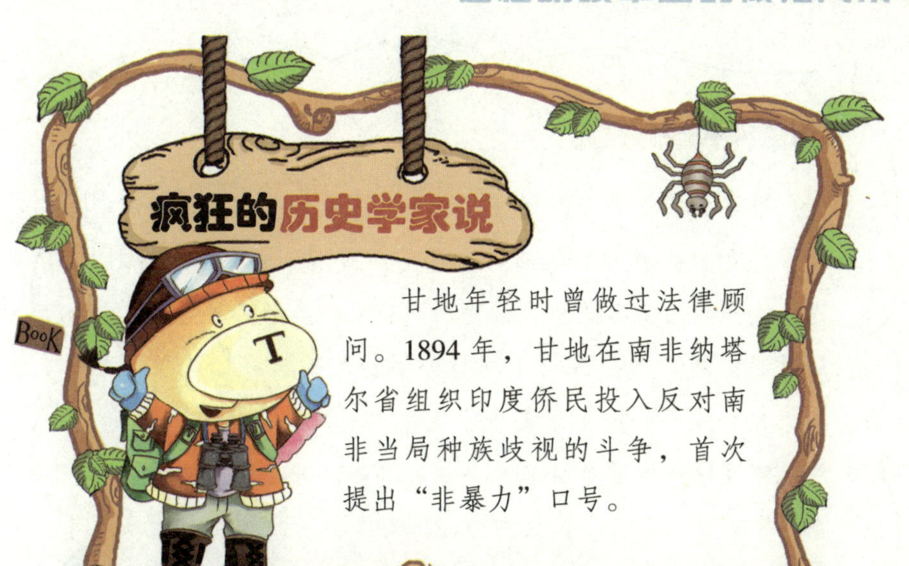

疯狂的历史学家说

甘地年轻时曾做过法律顾问。1894 年，甘地在南非纳塔尔省组织印度侨民投入反对南非当局种族歧视的斗争，首次提出“非暴力”口号。

疯狂的名人科普馆

莫罕达斯·卡拉姆昌德·甘地（1869 年 10 月 2 日—1948 年 1 月 30 日），也称作“圣雄甘地”，是印度民族主义运动和国大党领袖。他既是印度的国父，也是印度最伟大的政治领袖。他带领印度脱离英国的殖民统治，他的“非暴力”哲学思想，也就是他说的“坚持真理”，对全世界争取和平的民族运动都起到了深远影响。

考考你：

甘地考试时会抄袭吗？

真相大白

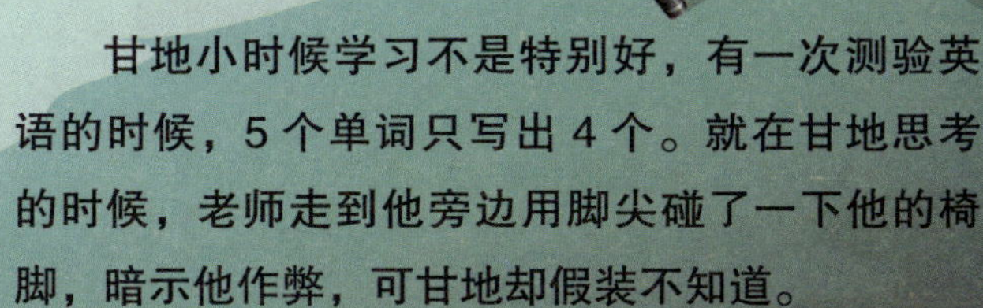

甘地小时候学习不是特别好，有一次测验英语的时候，5 个单词只写出 4 个。就在甘地思考的时候，老师走到他旁边用脚尖碰了一下他的椅脚，暗示他作弊，可甘地却假装不知道。

印度种姓制度

以婆罗门为中心，划分出许多以职业为基础的内婚制群体，即种姓。各种姓依所居地区不同而划分成许多次种姓，这些次种姓内部再依所居聚落不同分成许多聚落种姓，这些聚落种姓最后再分成行不同行外婚制的氏族，如此层层相扣，整合成一套散布于整个印度次大陆的社会体系。因此，种姓制度涵盖印度社会绝大多数的群体，并与印度的社会体系、宇宙观、宗教与人际关系息息相关。可以说，种姓多度是传统印度最重要的社会制度与规范。

重要成就

幸亏甘地出身于印度一个古老的家庭，不然在印度这个等级森严、种姓界限分明的社会，他就没有机会到英国接受高等教育了。而正是这次求学之旅，使他深刻认识到印度社会中存在的不平等和作为英国殖民地的屈辱现实。

印度种姓制度

考考你：

甘地获得过诺贝尔奖吗？

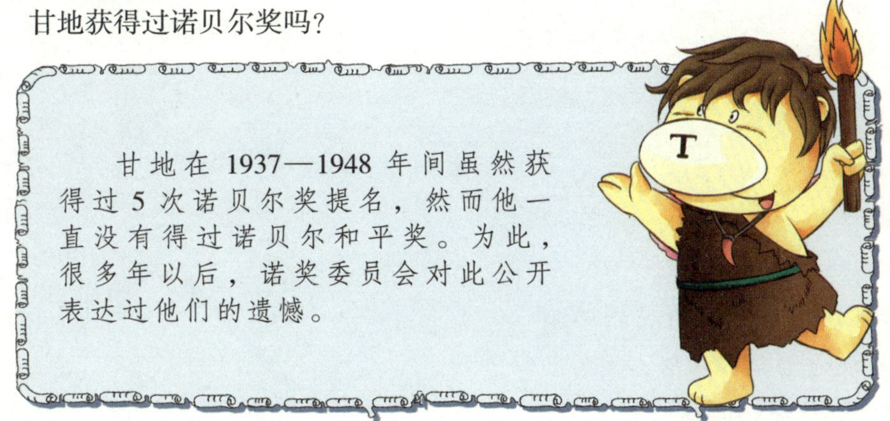

甘地在1937—1948年间虽然获得过5次诺贝尔奖提名，然而他一直没有得过诺贝尔和平奖。为此，很多年以后，诺奖委员会对此公开表达过他们的遗憾。

非凡的智慧、超人的胆识和坚强的意志使甘地不仅成了一名出色的律师，还成了印度侨民反对种族歧视斗争的领导人。因此，当他回到印度时，便顺理成章地成了印度民族独立运动的领袖。

甘地创造了一种独特的争取印度民族独立解放的方式，即“非暴力不合作运动”：辞去英国人授予的公职和爵位；不参加殖民政府的任何集会；不接受英国教育，以自设的私立学校代替英国统治者的公立学校；不买英国货，不穿英式服装，自己纺纱织布；不买英国公债，不在英国银行存款，等等。

不接受英国教育！

抵制英货！

拒绝在英国银行存款！

1930 年，英国殖民当局制定和颁布了食盐专营法，垄断食盐生产，任意抬高盐税和盐价。为了对抗英国殖民当局的不合理法案，甘地号召印度人民用海水煮盐，自制食盐。

考考你：

甘地丢了一只鞋以后，他的反应是怎样的？

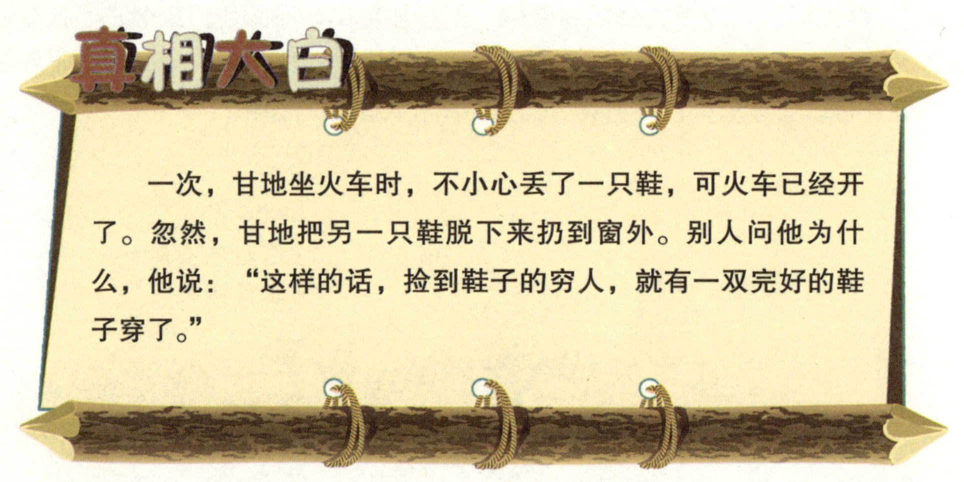

真相大白

一次，甘地坐火车时，不小心丢了一只鞋，可火车已经开了。忽然，甘地把另一只鞋脱下来扔到窗外。别人问他为什么，他说：“这样的话，捡到鞋子的穷人，就有一双完好的鞋子穿了。”

甘地和他的追随者们在海边劳作了三个星期，将海水蒸煮、分馏、过滤、沉淀。这样的劳动对于由于多次进行绝食斗争而疾病缠身的甘地而言是格外繁重的，但他一直坚持和别人一同工作，直到被捕入狱。

甘地去世以后，他的名声比以前更大了。对此，英国首相丘吉尔甚至感慨道："见到甘地先生……真是令人作呕，他曾是一个妨害治安的律师。现在在东方做出苦行僧的样子，半裸着在总督府前游行，却出名了。"

①　　②　　③

①将海水引到挖好的蒸发池中；②水分蒸发到一定程度的时候再导入结晶池；③这样就析出了结晶盐。

考考你：

甘地是如何帮小朋友戒糖的？

真相大白

甘地曾帮一个小孩戒糖，却要在一周后才开始。一周后，甘地对孩子讲了吃糖的坏处，孩子就不吃糖了。旁人问甘地为什么要一周后才开始，甘地说："因为一周前我也喜欢吃糖。"

印度的报纸对甘地的"食盐进军"进行了广泛的报道。大家纷纷响应甘地的号召，自制食盐。与此同时，全国各地都开展了反对英国殖民统治者的斗争——罢工、罢课、游行示威，请愿运动一浪高过一浪。这也成为"非暴力不合作运动"的高潮。英国殖民当局十分惊恐，逮捕了甘地和国大党其他领导人，并下令取缔国大党。

甘地被捕的消息传出后举国沸腾，数万名自愿者要求与甘地一同坐牢，殖民政府竟然又逮捕了6万多人。随后，全国各地都爆发了武装起义，甚至有的

地方宣布独立，建立自治政权，脱离英国殖民政府的统治。

英国殖民当局被这样的反抗运动吓坏了。1931 年 1 月，殖民当局释放了甘地，撤销了取缔国大党的禁令。而甘地为了减少流血冲突，与政府达成了协议：改变不合作态度，停止不合作运动，而当局则释放政治犯，允许沿海人民煮盐。这就是《甘地–艾尔文协定》。

此后，甘地又发动了几次“个人不合作运动”，继续为印度独立而奋斗。他多次被捕入狱，多次绝食祈祷。在他和其他志士的努力下，印度民族独立的运动依然进行着。

苦行僧

获得了如此巨大荣誉的甘地，依然保持着他极端朴素的本色，赤着上身，剃着光头（这种装扮是效法古代的苦行僧），随身带着纺纱机，一有空闲就纺纱（这是为了振兴印度的民族纺织业，也是为主张自力更生而做出的表率）。

印度自由的建筑师

经过长期的斗争，印度人民终于获得了独立。在成立印度联邦制宪会议上，甘地被称为“过去三十年来的向导和哲学家，印度自由的灯塔”。英国驻印度总督蒙巴顿则称他为“印度自由的建筑师”。

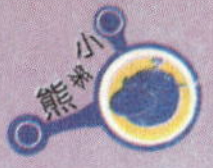

1947 年 6 月，印度半岛建立了两个独立的主权国：以印度教为主的印度和以伊斯兰教为主的巴基斯坦。

甘地不仅为祖国独立而坚持斗争，也为消除种姓制度、消灭印度教和伊斯兰教之间的纷争而斗争。他周游全国，到处进行演讲，常常绝食抗议。人们总是可以看到这位身体消瘦、神情疲倦而坚毅的老人冒着生命危险，调解两个教派的争端。

1948 年 1 月 30 日，79 岁的甘地在一次调解教派纷争的活动中遭到一名极端分子的枪击，不幸离开人世。

戴高乐为什么被看作自由法国之父

在法国历史上，有一位和拿破仑一样充满传奇色彩的人物——夏尔·戴高乐。如果说拿破仑留下了千古不朽的《拿破仑法典》，那么戴高乐则留下了至今被法国人奉为金科玉律的“戴高乐主义”。2005 年，戴高乐还被法国电视观众评为“法国历史上最伟大的人”。那么，就让我们一起来看看这位法国历史上最伟大的人的光辉一生吧！

疯狂的名人科普馆

夏尔·戴高乐（1890 年 11 月 22 日—1970 年 11 月 9 日），法国军事家、政治家，第二次世界大战期间领导自由法国运动，战后成立法兰西第五共和国并担任第一任总统。

临危受命

第二次世界大战爆发后，德国部队绕过马其诺防线，突袭法国。当德军逼近巴黎时，以副总理贝当为首的投降派拱手将巴黎白白让给了敌人。至此，法兰西第三共和国以“和平”终结了。

戴高乐虽然坚决主张同法西斯德国血战到底，但是国内却鲜有支持他的人，他只好联合英国共同抗击德国。戴高乐送英国的斯皮尔斯将军回伦敦时，飞机起动之际，他突然随飞机开始奔跑，几步就追上了，并牢牢握住斯皮尔斯将军的手。

考考你：

“戴高乐主义”指的是什么？

真相大白

戴高乐支持发展核武器、制定泛欧洲外交政策、努力减少美国和英国的影响、促使法国退出北约、反对英国加入欧洲共同体、承认中华人民共和国，这一系列思想政策被称为“戴高乐主义”。

不要命啦！

“自由法国”运动

由于国内形势严峻，戴高乐只好在英国发表了对法国的广播演说：

我是戴高乐，我现在在伦敦。我向目前正在英国领土上和将来可能来到英国领土上的持有武器或没有武器的法国官兵发出号召，向目前正在英国领土上和将来可能来到英国领土上的一切军人工厂的工程师和技术工人发出号召，请你们和我取得联系。无论发生什么情况，法兰西抵抗的火焰绝不应该熄灭，也绝不会熄灭。

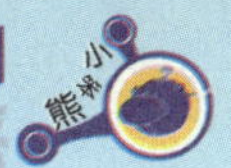

这次讲话标志着由戴高乐领导的反对法西斯侵略和维护民族独立的“自由法国”运动正式开始。

虽然在法国与英、美结成了暂时的同盟，但是戴高乐固执而倔强的性格使他没能和英国首相丘吉尔、美国总统罗斯福培养出融洽的关系。

戴高乐 丘吉尔 罗斯福

因此，他屡次被排斥在三巨头会议之外，这使他在战后一系列重大国际问题上没有发言权，更没有人理睬他肢解德国的计划。

一波三折的总理之路

1944 年 8 月 26 日，戴高乐回到巴黎。当他来到凯旋门时，欢迎的人们挤满了星形广场和爱丽舍田园大街。

1944 年 9 月，戴高乐当选为临时政府总理，着手重建满目疮痍的祖国。一年后，他却突然辞职。你以为他就从此消失在法国政坛了吗？不，由于法国第四共和国政府频频更迭，政局动荡，1958 年 5 月 15 日，长期沉默的戴高乐发表了一份声明：

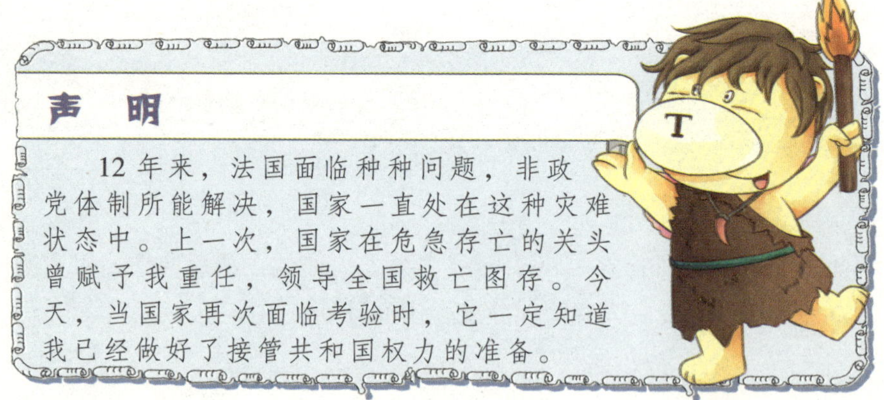

声　明

12 年来，法国面临种种问题，非政党体制所能解决，国家一直处在这种灾难状态中。上一次，国家在危急存亡的关头曾赋予我重任，领导全国救亡图存。今天，当国家再次面临考验时，它一定知道我已经做好了接管共和国权力的准备。

同年 12 月，戴高乐被选为法国总统，并连任两届总统。1964 年 1 月，法国不顾其他西方国家只承认台湾的国民党政府这一状况，宣布同中华人民共和国建立外交关系。

或许是外交政策太成功了，更贴近法国人民的内政就显得颇为逊色。虽然戴高乐抛出了一个又一个改革计划，想使法国的经济强大起来，但都没有成功。到了 1967 年，情况急剧恶化，失业率急剧上升，工厂关闭或开工不足，工人和职员纷纷举行示威和罢工。1968 年 5 月，大规模的学生和工人运动突然爆发了，使戴高乐的威信急剧下降。随后，戴高乐在失望中宣布辞职。

伟大的终结

1970 年 11 月 9 日，戴高乐因心脏病猝然离世。

戴高乐将军逝世了，法国失去了亲人。1940 年，戴高乐将军拯救了我们的荣誉。1944 年，他领导我们走向解放和胜利。1958 年，他把我们从内战的威胁中救了出来，他使今天的法国有了自己的制度、独立和国际地位……让我们向法国保证，我们决不辜负我们所得到的教诲，愿戴高乐将军永远活在全国人民的心中。

考考你：

戴高乐小时候受到了怎样的家庭教育？

真相大白

戴高乐小时候取得好成绩便告诉父母，妈妈夸他了不起，而爸爸则说："别把自己太当人。"当他遇到挫折，妈妈则给予他无限安慰，而爸爸却说："别把自己不当人。"

戴高乐的遗嘱早在1952年就写好并密封起来，他要求在他去世后才能启封。

遗嘱

我希望在科龙贝教堂举行我的葬礼。如果我死于别处，我的遗体务必运回家乡，不必举行任何公祭。我的坟墓必须是我女儿安娜安葬的地方，日后我的夫人也要安息在那里，墓碑上只写：夏尔·戴高乐（1890—?）。

葬礼要由我儿子、女儿和儿媳在我私人助手们的帮助下安排，仪式必须极其简单。我不希望举行国葬，不要总统、部长、议会代表团和公共团体代表参加。只有武装部队可以以其身份正式参加，但人数不必很多。不要乐队吹奏，也不要军号。不要在教堂或其他地方发表演讲，国会不要致悼词。举行葬礼时，除我的家庭成员、我的解放功勋团战友和科龙贝市议会成员外，不要留别的位子。法国的男女同胞如果愿意的话，可以陪同送我的遗体到达它的最后安息之地，以给我的身后遗名增光，但我希望要默默地把我的遗体送到墓地。

我声明，我事先拒绝接受给予我的任何称号、晋升、荣誉、表彰和勋章，不论是法国的还是外国的。授予我上述任何一项，将违背我的最后愿望。

戴高乐的要求都实现了，葬礼非常简朴。但是几十万巴黎人却冒雨向爱丽舍宫行进，在凯旋门这个26年前戴高乐站过的地方肃立致哀。

慈爱的父亲

早在 1937 年，戴高乐夫妇在绿树成荫、气候宜人的科龙贝买下一处房产，因为这里对他们患有智障的女儿安娜的健康有好处，也可以让安娜避开旁人的目光，快乐地生活。很多人劝说戴高乐夫妇把安娜送到疗养院去，可是戴高乐总说：“安娜并非自己要求降生到人间来的，我们要想尽办法使她过得幸福一些。”

戴高乐夫妇还用版税设置了“安娜·戴高乐基金”。不幸的是，安娜在她 20 岁生日前夕，因为患肺炎永远离开了人世。

考考你：

戴高乐是如何教育他的孩子的？

戴高乐就任总统后入住爱丽舍宫，第一件事就是叮嘱主管礼宾的人以后最多只能安排他的孩子参加两次招待会。官员对此很不解，戴高乐说：“这样可以避免特殊化，对孩子成长有利。”

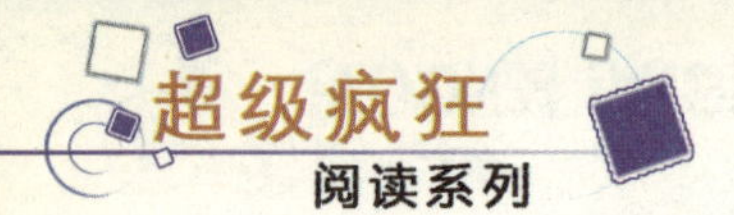

柏拉图缘何被看作西方哲学的精神导师

追求心灵沟通、排斥欲望的精神恋爱通常被人们称为“柏拉图式爱情”，这是 15 世纪时马西里奥·斐齐诺提出的，但是他没有选择用自己的名字来命名，反而以西方哲学家柏拉图的名字命名。为什么要用柏拉图的名字来命名呢？

疯狂的名人科普馆

柏拉图（约公元前 427—公元前 347 年），古希腊伟大的哲学家，也是全部西方哲学乃至整个西方文化中最伟大的哲

考考你：
柏拉图是如何学习的？

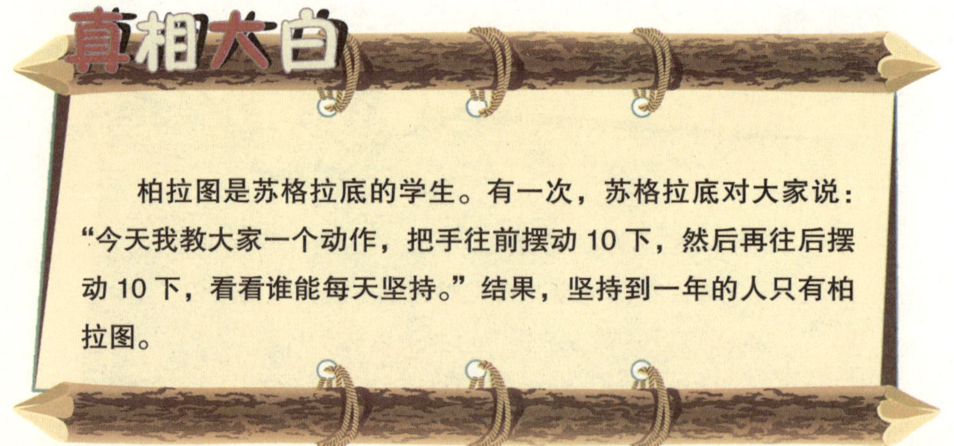

真相大白

柏拉图是苏格拉底的学生。有一次，苏格拉底对大家说：“今天我教大家一个动作，把手往前摆动 10 下，然后再往后摆动 10 下，看看谁能每天坚持。”结果，坚持到一年的人只有柏拉图。

学家和思想家之一，他和老师苏格拉底、学生亚里士多德并称为古希腊三大哲学家。柏拉图的思想代表着西方政治哲学的起点，同时他也是道德观念和形而上学的奠基人。因此，柏拉图被人们认为是西方思想之父和先驱。

年少经历

柏拉图出生在一个富裕的贵族家庭，本来叫亚里斯多克勒斯。可是因为他长了一个很宽的额头，大家都叫他柏拉图（柏拉图在希腊语中是“平坦、宽阔”的意思）。从小柏拉图的口才就非常好。

柏拉图曾经是苏格拉底的学生，后来还去过埃及、小亚细亚和意大利等一些地方，想帮助那里的君主建立更好的国家，但他们只是将柏拉图的美好构想当成笑话来听。公元前 387 年，灰心丧气的柏拉图回到雅典，在阿卡德米体育馆附近建立了一所学园当老师。

客观唯心

柏拉图是西方客观唯心主义的创始人，他认为世界包括两个方面——“理念世界”和“现象世界”。

考考你：

柏拉图的教育方法是怎样的？

真相大白

柏拉图曾问学生们，怎样除去地上的杂草。同学们都想不出更好的办法。柏拉图用实践告诉大家，最好的办法就是在上面种上庄稼。而要想除去心灵的杂草，最好的办法就是装满美德。

柏拉图的思想可以说是西方哲学的根基，至今还有西方哲学家认为，现在的西方哲学是在为柏拉图思想做注释。

理念世界——精神世界，理念世界是真实的、永恒的。

现实世界——自然世界，现实世界是不可靠的、不真实的。

考考你：

柏拉图的“理念”源自哪里？

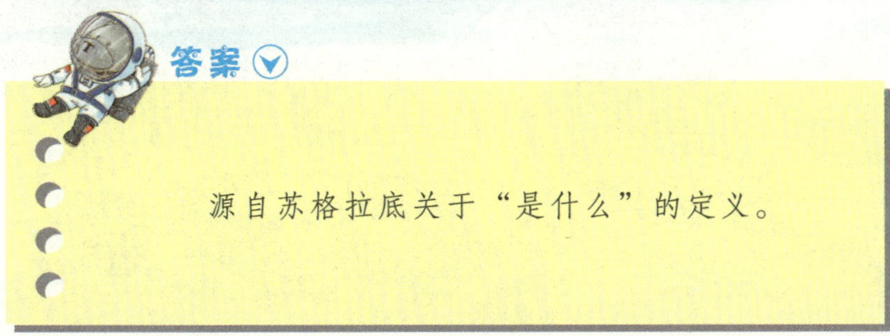

可知的理念是可感的事物的根据和原因，可感的事物是可知的理念的派生物。事物永远都是在不断的发展变化之中，它们是个别、相对和偶然的，而理念则是永恒不变的，它们是普遍、绝对和必然的存在。

灵魂教育

柏拉图是出色的教育家，他认为人的一切知识都是由天赋而来，它以潜在的方式存在于人的灵魂之中，所以知识就是回忆。柏拉图的教学过程主要通过具体事物的感性启发，引起学生的回忆，经过反省和思维，再现出灵魂中固有的理念知识。

《理想国》

柏拉图最重要的一本著作是《理想国》，涵盖了他思想体系的各个方面，书中写到的理想国是人类历史上最早的乌托邦。在他的理想国里，统治者必须是哲学家，他认为：

考考你：

柏拉图是怎么定义“人”的？

真相大白

柏拉图曾把人定义为“二足无毛的动物”，这定义出了名。后来哲学家第欧根尼就带了一只拔光羽毛的鸡到了柏拉图面前，并对他说：“这就是你的‘人’吗？”

最完美的国家是论资格、论才能的贵族式国家，根据一定的挑选原则挑选出的统治阶级成员或“法定执政人”应该在审定资格和能力的基础上，把合格的人吸收到自己的阶层中来。至今，美国宪法中某些条款规定：国家应该设法发现并尊重人民意愿，选拔最聪明、最杰出的人为国效力。

柏拉图反对把爱情当成利害关系和情欲的满足，认为爱情是人世间最美的感情，存在于两个人的灵魂之间。所以现在通常我们都把“柏拉图式的爱情”看作精神恋爱的代名词。

考考你:

柏拉图是怎样去世的?

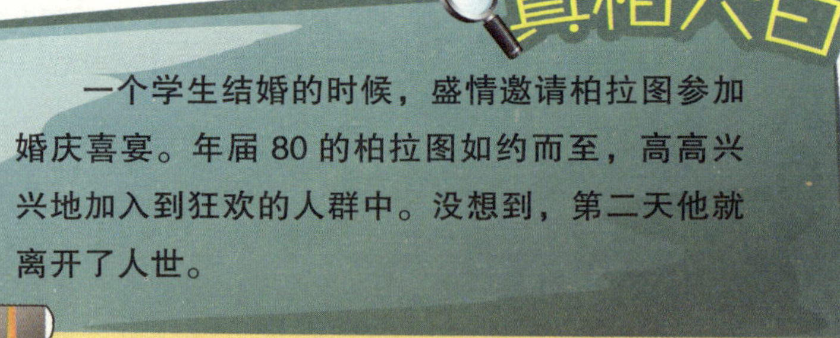

为什么说亚里士多德是百科全书式的大师

疯狂的名人科普馆

亚里士多德（公元前384—前322年3月7日），古希腊哲学家，柏拉图的学生,亚历山大大帝的老师，和柏拉图、苏格拉底（柏拉图的老师）一起被誉为西方哲学的奠基者。

亚里士多德的思想对人类产生了深远的影响。他创立了形式逻辑学，丰富和发展了哲学的各个分支学科，对科学等做出了巨大的贡献。亚里士多德也是最早论证地球是球形的人。

地球是平的，
天是圆的。

真相在这里！

柏拉图的爱徒

亚里士多德在17岁的时候就到柏拉图学园学习哲学，可以说这是他人生中一个最重要的阶段。

当然，亚里士多德也表现得很出色，在学园里一待就是20年。柏拉图给他起了个“学园之灵”的绰号。

但亚里士多德不是一个只崇拜权威，在学术上唯唯诺诺而没有自己想法的人。

考考你：

亚里士多德也会和老师争辩吗？

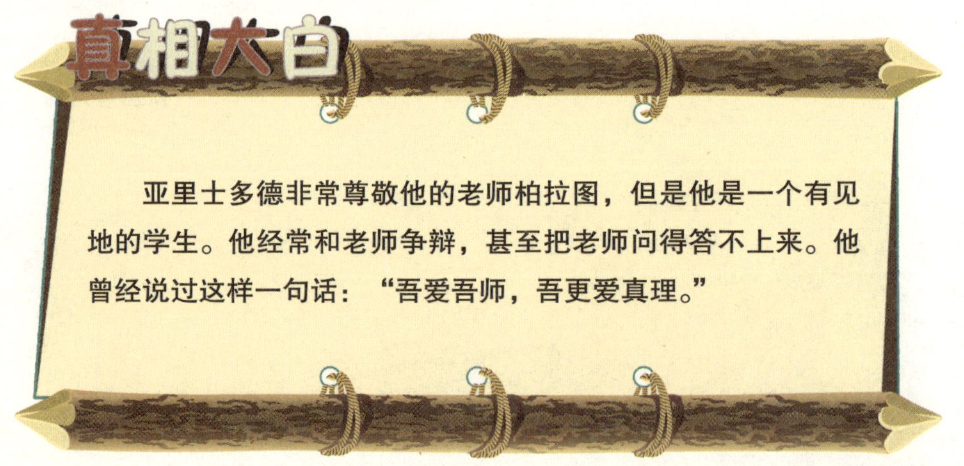

亚里士多德非常尊敬他的老师柏拉图，但是他是一个有见地的学生。他经常和老师争辩，甚至把老师问得答不上来。他曾经说过这样一句话：“吾爱吾师，吾更爱真理。”

亚里士多德认为，真理是对客观事物的认识，他从不盲从老师或者已有的观点，而是自己主动思考世界。比如，他反对柏拉图的“天赋观念说”。他说：

> 灵魂中被称为心灵的那个部分，在尚未思维的时候，实际上是没有任何东西的。知识的对象比知识本身存在得更早，因为通常我们获得的总是对已经存在的事物的知识。

? 考考你：

你可以向你的老师提问，看看柏拉图和亚里士多德两人之间关于对现实事物认知的差别究竟在哪里。

答案

柏拉图认为“认识”不是对万物存在的现象世界的感知，而是对理念世界的回忆；亚里士多德肯定了现实的具体事物是我们的认识对象。

现在他是太阳，明天有可能就会是月亮，这一切都源于我们灵魂深处最初的认知。

是的，这就是太阳，亘古不变的太阳！

你认识它的，好好想一想！

这是什么？

现在我们还不知道这是什么，不过它是存在的，我们终有一天会知道它是什么！

考考你：

亚里士多德是如何开导他的学生的？

真相大白

有一次，一位学生问亚里士多德：“先生，请你告诉我，为什么心怀嫉妒的人总是心情沮丧呢？”亚里士多德回答：“因为折磨他的不仅有自身的挫折，还有别人的成功。”

也就是说，没有客观存在的事物，就没有我们对它的认知。但是相反，即使我们不认识它，这种事物也是客观存在的。

在亚里士多德看来，心灵就像一个蜡块，当你火热的求知热情把蜡块融化时，外界的事物就如同图章一样印在了你的心灵上，你也就对这件事物有了感知。

我们根据亚里士多德留下的著作，将其分为几大类：

第一类是逻辑学著作，他有部名著叫《工具论》，论述了形式逻辑的基本原理，他是形式逻辑的创立者，形式逻辑有另外一个名字叫普通逻辑、古典逻辑，也叫亚式逻辑。

第二类是自然哲学、自然科学著作：《物理学》《气象学》《论天》《论生灭》《动物论》《动物分类学》等，他是最早对动物进行科学分类的哲学家。

第三类是心理学著作：《论灵魂》《论感觉和被感觉的》《论记忆》《论睡眠》《论梦》《论睡眠中的预兆》《论生命的长短》《论青年、老年及死亡》《论呼吸》《论气息》。

第四类是哲学著作，也叫形而上学。

第五类是伦理学、政治学、经济学著作：《尼各马克伦理学》《大伦理学》《政治学》《雅典政治》。

《优台谟伦理学》(他的学生根据他的手稿整理的）第六类是文学理论、美学著作：《修辞学》《诗论》等。

亚里士多德的哲学思想影响了西方思想界一千多年，他关于物理学、动物学等的学术思想，以及形而上学理论对欧洲的科学和神学发展影响都特别大。他的伦理学理论自始至终都深刻地影响着西方社会；哲学理论也仍然活跃于现今学术研究的各个方面。

疯狂的历史学家说

亚里士多德说："如果把两件东西从空中扔下，必定是重的先落地，轻的后落地。"

这是错误的！

密度相同的两个物体，不论大小，在初速度为0的情况下，下落过程中只有重力加速度，而重力加速度是相等的，因此，它们一定是同时落地的！近代物理学的鼻祖伽利略证明了这个观点是错误的。

考考你：

亚里士多德和平庸人的区别在哪儿？

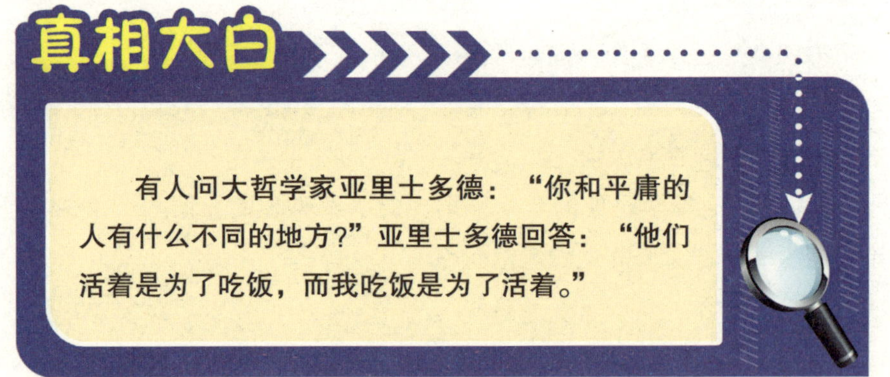

真相大白

有人问大哲学家亚里士多德："你和平庸的人有什么不同的地方？"亚里士多德回答："他们活着是为了吃饭，而我吃饭是为了活着。"

18 世纪被称为“伏尔泰的世纪”，这时的欧洲正在大规模地进行一场颠覆欧洲思潮的文化运动，这场运动的领袖就是伏尔泰。在安葬伏尔泰的灵柩车上，人们写着这么一句话：

> 他是诗人、哲学家、历史学家，他使人类理性迅速发展，他教导我们走向自由！

疯狂的名人科普馆

伏尔泰（1694 年 11 月 21 日—1778 年 5 月 30 日），原名费朗索瓦兹·玛丽·阿鲁埃，伏尔泰是他的笔名。法国启蒙思想家、文学家、哲学家。伏尔泰是 18 世纪法国资产阶级启蒙运动的先驱，被誉为“法兰西思想之王”“法兰西最优秀的诗人”“欧洲的良心”。

考考你：

你知道费朗索瓦兹·玛丽·阿鲁埃是谁吗？

答案

费朗索瓦兹·玛丽·阿鲁埃就是伏尔泰。为了避免封建专制势力的迫害，伏尔泰曾先后以一百多个笔名发表反封建的作品，“伏尔泰”只是人们最熟悉的一个笔名，来自他在法国南部故乡的一座城堡的名字。

被驱赶的伟人

1694年，伏尔泰——这个时候应该叫费朗索瓦兹·玛丽·阿鲁埃，出生在巴黎的一个中产阶级家庭。伏尔泰少年时期就读于耶稣会创办的大路易学院，本来想继承父亲的律师职业，但是很快他就放弃了。因为伏尔泰对文学更感兴趣。他才思敏捷，妙趣横生，嘻笑怒骂皆成诗文，很快便名震巴黎。但是在当时的法国，这样的才华给他带来了巨大的危险。法国当局怎么可能容忍这样的家伙天天在报上谩骂自己呢？于是他们把伏尔泰投入了巴士底监狱。不过，关得住人可停不住笔，1718年伏尔泰被释放不久，他的戏剧《俄狄浦斯》就在巴黎上演，获得巨大成功。

考考你：

"我誓死捍卫你说话的权利"这句话是谁说的？

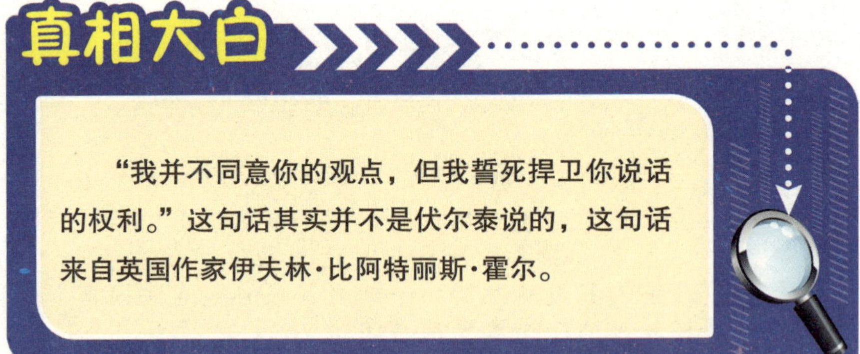

真相大白

"我并不同意你的观点，但我誓死捍卫你说话的权利。"这句话其实并不是伏尔泰说的，这句话来自英国作家伊夫林·比阿特丽斯·霍尔。

作为当时最机敏、最著名的演说家，伏尔泰被一些法国贵族人士评价缺少一个平民所应具有的谦逊。这导致伏尔泰和一位贵族骑士之间发生了一场公开的论战，继而被其诬陷再次入狱。在伏尔泰答应离开法国的条件下，他被释放去了英国。

伏尔泰在英国的生活是他一生中的一个重要转折点。他通读了洛克、培根、牛顿和莎士比亚等人的著作，深入研究了一些科学新成果和新思想，最感兴趣的则是英国的政治制度。随后，伏尔泰偷偷回到法国，写出了他的第一部主要哲学著作《哲学通信》，对英国的政治制度及洛克和其他英国思想家做了赞许的描述，企图唤醒民众。这也是法国启蒙运动真正开始的标志。可想而知，这本书又引起了法国当局的震怒，伏尔泰再次被迫离开了巴黎。

? 考考你：

伏尔泰是如何化解危机的？

真相大白

伏尔泰访问英国的时候，他发现英国人非常仇视法国人，甚至朝他怒吼！伏尔泰说：我是法国人，你们要杀我。难道因为我不是英国人而受的惩罚还不够吗？英国人听了此话竟然把他送回了寓所。

启蒙运动

伏尔泰是法国启蒙运动的领导者。

疯狂的专家说

"启蒙"，就是开启智慧，通过教育和宣传，把人们从愚昧、落后、黑暗的封建社会中解放出来，使人们摆脱教会散布的迷信和偏见，从而为争取自由和平等去斗争。

伏尔泰的主张可以归纳为四点：

1.倡导建立依靠资产阶级力量的君主立宪制。

2.主张天赋人权，认为人生来就是自由和平等的。

3.认为法律应以人性为出发点，在法律面前人人平等。

4.猛烈抨击天主教会，但主张信仰自由和信仰上帝。

为此，伏尔泰在文学、史学、哲学、自然科学和政治等方面写了大量著作，有近百卷之多。法国启蒙运动的著名人物如狄德罗、卢梭、孔狄亚克、布封等人，无不是他的后辈，对他推崇备至，公认他是他们的导师，而他那时候在瑞士凡尔纳，所以也被人们尊称为“凡尔纳教长”。

维克多·雨果曾盛赞伏尔泰说：

可是伏尔泰的偶像却是孔子，他认为孔子是真正的哲学家，因为孔子是用道德的说服力来影响别人，而不是用宗教的狂热和个人崇拜。他曾说：

? 考考你：

伏尔泰的记忆力如何？

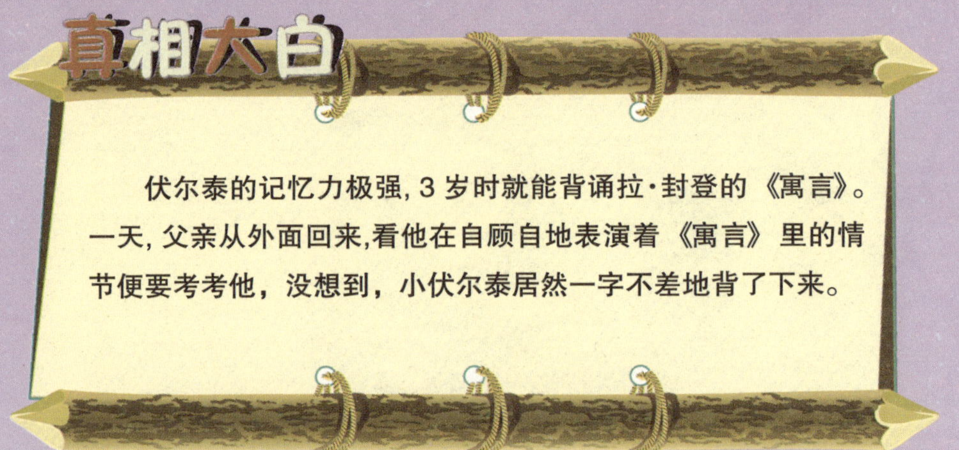

伏尔泰的记忆力极强，3 岁时就能背诵拉·封登的《寓言》。一天，父亲从外面回来，看他在自顾自地表演着《寓言》里的情节便要考考他，没想到，小伏尔泰居然一字不差地背了下来。

伏尔泰认为中国的政治体制是最完美的政治体制——因为中国的文官制度可以让下层阶级人民流动晋升为统治阶层。

作为哲学家，伏尔泰虽然远不如其他同行具有创新精神，但他却能够把已有思想加以重新叙述，变得更接地气，更容易让大众接受。正是通过伏尔泰的作品（比通过任何其他人的都多），民主政治、宗教自由和思想自由等观念才传遍了整个法国以及欧洲许多其他地区。

? 考考你：

你能说出几部伏尔泰的作品吗？

答案

史诗：《亨利亚德》《奥尔良少女》；历史著作：《查理十二史》《路易十四时代》和《风俗论》等；戏剧：《欧第伯》《赵氏孤儿》（翻译）。

卢梭是一个很干脆的人，他讨厌□嗦，更讨厌枷锁。他曾经这么说过：

“人生而自由，但却无往不在枷锁之中。”

疯狂的名人科普馆

让·雅克·卢梭（1712–1778 年） 出生在法国一个钟表匠的家庭。

卢梭家境不好，但是小时候读书很刻苦，因为他始终抱着这样的信念：事在人为；命运掌握在自己的手中。果不其然，卢梭虽然在他生活的年代没有得到认可，但是死后却是享尽了荣誉。卢梭本身的人文精神就可以成为法国启蒙运动的一个指引。

考考你：

卢梭是怎样对待他的前女友的？

真相大白

卢梭年轻的时候曾经遭受过女友的背叛，然而在他成名以后，当他得知原来的女友正在靠人救济度日的时候，他并没有感到痛快，反而是以别人的名义给她提供了一些资助。

名　　称：《论人类不平等的起源和基础》和《社会契约论》

基本情况：这两本书是卢梭所著，为法国的启蒙运动铺好了道路，为法国大革命运动埋下了伏笔。

基本内容：

卢梭认为人们建立政府不是心甘情愿的，不是从来就有的，而是人们在自然状态下，生命财产等得不到保障，后来觉得有必要建立一个政府，来保障人

因为我身上的毛比你的浓，比你的黑。

凭什么你的后代要管理我的后代？

民财产的安全，这才建立了政府。但却只保护一小部分人的利益。这个现状引起了卢梭的不满，所以写了这两本书，来解开固定在人们身上的枷锁。

你不知道的历史细节

按照卢梭的说法，政府最初建立的时候，也就是世界上出现第一个政府的时候，政府和人民之间应该订立了一张这样的契约：

政府与人民之间的契约

甲方：人民

乙方：政府

甲方与乙方签订合同，甲方权限大于乙方。甲方赋予乙方的义务，乙方必须履行，否则，甲方有权推翻乙方，建立一个新政权。当然，乙方也需要履行自己维持甲方的义务，即甲方要担任乙方的纳税人。乙方的义务主要内容如下：

乙方要保证甲方的绝对安全，包括财产安全和人身安全；乙方要保障甲方权利的充分实现；应甲方的强烈要求，乙方必须为甲方保存乙方管理地区之内的牛粪、鸟屎、昆虫的尸体等，因为那是甲方生活不可缺少的资源。

考考你：

让卢梭终生痛苦的事是什么？

真相大白

卢梭小时候曾给人当佣人。有一次，他趁人不注意的时候，偷了一个侍女的小丝带。可当伯爵发现了并问他丝带的来源时，他居然撒谎了，说是别人给他偷来的。这也成了他终生的痛苦。

看完才知道

由于卢梭的家族代代相传卢梭祖父穿树叶装受辱的事，卢梭对此牢记于心。他除了追求人民的自由和权利外，还尤其在意平等的问题。一切公民生而平等。所以，卢梭强烈指责原始契约有着明显的缺陷，原始契约不能平等地保障每个公民的权利，只能有选择地保护少数人的利益。因此，卢梭建议政府和人民之间应该重新建立一个更为完善的契约。

考考你：

卢梭有什么名言？

真相大白

无论就男性或女性来说，我认为实际上只能划分为两类人：有思想的人和没有思想的人，其所以有这种区别，差不多完全要归因于教育。

疯狂的名人科普馆

卡尔·海因里希·马克思（1818年5月5日—1883年3月14日），马克思主义创始人。犹太裔德国人，政治学家、哲学家、经济学家、社会学家、革命理论家、记者、历史学者、革命社会主义者。他一生著述颇丰，主要著作有《共产党宣言》《资本论》等。

考考你：

马克思主义信仰是宗教信仰吗？

真相大白

当然不是了，它是科学的信仰。它的基础是历史唯物主义和辨证唯物主义，它本身就是人类认识社会和改造社会的科学，而共产主义运动本身就是认识和改造社会的科学实践体现。

走上革命道路

马克思出生在德国一个律师家庭，受家庭的影响，马克思大学时期修读的是法律，但是他更多的兴趣却是在哲学上。他博士毕业后，担任了《莱茵报》的主编。这主编的工作可不好做，因为维护农民利益、为农民说话，受到了当局的镇压，他一怒之下愤而辞职。不做主编就做撰稿人吧，可是又因为撰文批评俄国沙皇，《莱茵报》被停刊，马克思也失去了经济来源。

虽然事业不顺，但是在此期间，马克思结识了他这一生中最重要的朋友——恩格斯。恩格斯一直在经济上对马克思进行资助，也帮助马克思对科学社会主义进行研究，撰写文章。

亲爱的弗里德里希：

……

我实在羞于启齿，但是一个星期以来，我已达到非常痛苦的地步：因为外衣进了当铺，我不能再出门，因为不让赊账，我不能再吃肉……我的妻子病了，小燕妮病了，琳蘅患有一种神经热，医生我过去不能请，现在也不能请，因为没有买药的钱。八至十天以来，家里吃的是面包和土豆，今天是否能够弄到这些，还成问题……

最可怕的是，我现在根本不能坚持我的研究……

卡　尔

1852年2月27日

亲爱的卡尔：

3月初我将给你寄5英镑，往后你每月都可以收到5英镑。即使我因此到新的决算年时负一身债，也没有关系。当然，你不要因为我答应每月寄5英镑就在困难的时候也不再另外向我写信要钱，因为只要有可能，我一定照办。

你的朋友：弗里德里希

当时社会的大背景可以说是马克思理论诞生的最重要的基础：随着生产力的不断提高，资本主义社会矛盾的加深，无产阶级革命在欧洲如火如荼地上演。英国宪章运动、法国里昂工人起义和德国西里西亚纺织工人起义标志着无产阶级已经作为独立政治力量登上历史舞台。

宪章派递交请愿书

1842年5月2日，伦敦街头人山人海。浩浩荡荡的工人队伍来到国会下院，宪章派全国协会的负责人向下院递交了全国宪章派第二次请愿书。

请愿书上写道：“尊敬的贵院就它现在的组成来说，既不是由人民选出来的，也不是由人民做主的。它只为少数人的利益服务，而对多数人的贫困、苦难和愿望置之不理……统治者穷奢极欲，被统治者受苦挨饿。”

请愿人员提交的《人民宪章》，要求年满21岁的男子都有普选权，选举投票应秘密进行，废除议会候选人的财产资格限制，国会每年举行一次改选，平均分配选区。

在当时，维多利亚女王每天的收入是 164 英镑 17 先令 60 便士，她的丈夫亚尔伯特亲王的收入是 104 英镑 20 先令，而千百万工人每天每人的收入只有两三个便士。

马克思主义的诞生

1847 年 1 月 6 月，和马克思商议后，恩格斯出席在伦敦举行的共产主义者同盟第一次代表大会，以科学社会主义为指导创立了第一个无产阶级革命政党，拟定章程，喊出“全世界无产者联合起来”的国际主义口号。1848 年 2 月，马

考考你：
马克思也曾写过诗吗？

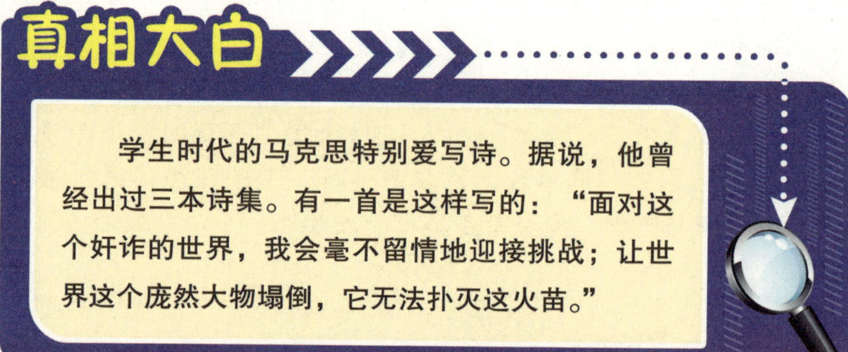

克思和恩格斯共同起草了《共产党宣言》。这是国际共产主义运动第一个纲领性文献，也是马克思主义诞生的重要标志。

疯狂的历史学家说

①马克思主义理论体系主要包括三部分。

马克思主义哲学：包括辩证唯物论、唯物辩证法、辩证唯物主义认识论、唯物史观。

②马克思主义政治经济学：阐明人类社会各个发展阶段上支配物质资料的生产、分配、交换和消费的规律，提出剩余价值理论。

③科学社会主义：是马克思主义理论体系的核心，它的任务是研究无产阶级解放事业的历史条件以及这一事业本身的性质。

考考你：

马克思小时候擅长写作文吗？

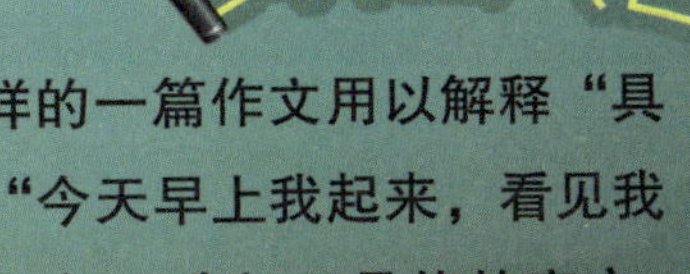

马克思小时候写过这样的一篇作文用以解释“具体”和“抽象”的关系。“今天早上我起来，看见我具体的妈妈，在烧具体的早饭。我打开具体的窗户，深深地呼吸了一口抽象的新鲜空气……”

看完才知道

恩格斯解释说：我不能否认，我在一定程度上独立地参加了这一理论的创立，特别是对这一理论的阐发。但是，绝大部分基本指导思想都是属于马克思的。我所提供的，马克思没有我也能够做到，至多有几个专门的领域除外。没有马克思，我们的理论远不会是现在这个样子。所以，这个理论用他的名字命名是理所当然的。

考考你：

马克思为什么自称“世界公民”？

真相大白

马克思的晚年生活过得并不安宁，他被许多国家驱逐，到处流亡，他只好自称为“世界公民”。1883 年 3 月 14 日下午，积劳成疾的马克思在伦敦寓所溘然长逝。

疯狂的名人科普馆

海伦·凯勒（1880年6月27日—1968年6月1日），19世纪美国盲聋女作家、教育家、慈善家、社会活动家，被美国《时代周刊》评为美国十大英雄偶像，荣获“总统自由勋章”等奖项。

不幸降临

小海伦出生的时候是个漂亮而且健康的女婴，爸爸、妈妈把她当成珍宝一样宠爱。不幸发生在她19个月的时候，一场猩红热让小海伦失去了视力和听力，就好像是被抛弃在一个漆黑寂静的世界里，她不知道如何感知别人，也无法表达自己的感受，小小的她只能用摔东西来发泄。

命运转机

这一切一直持续到沙莉文老师的出现。

女孩子怎么能够没有洋娃娃呢？所以，沙莉文担任小海伦家庭教师的第一天就送给她一个洋娃娃，并用手指在海伦的小手上慢慢地、反复地拼写“d-o-l-l”（娃娃）这个单词。

7 岁的小海伦根本没觉得这是老师在教她写字，在黑暗和寂静中独自生活了 5 年，终于有人能够和自己玩了，她高兴得不得了，一遍又一遍在手心画出“d–o–l–l”。从此，她知道了世间万物都有各自的名字，也知道了自己的名字叫“Helen Keller”（海伦·凯勒）。

一天，老师在海伦的手心写了“water”（水）这个词，可是海伦总是分不清“杯”和“水”。到后来，她终于不耐烦了，甚至把沙莉文老师给她的新洋娃娃摔坏了。

考考你：
小海伦有着惊人的洞察力吗？

真相大白

海伦·凯勒出生不到 6 个月，便能清楚地说出“tea”（茶）、“water”（水）等几个单字，对周遭事物的感受性更是敏锐。她曾经盯着树影看了大半天，甚至想动手去抓住它。

伟大的著名作家马克·吐温说："19世纪有两个值得关注的人，一个是拿破仑，另一个就是海伦·凯勒。"就是这样一个普通的女孩，却获得全世界的关注和感动。

如果你是沙莉文老师你会怎么样？

A 这个孩子反正也教不好了，我不管了！

B 我对你那么好，你竟然还这么不耐烦！

C 这样教学简直太累了！我又没拿多余的薪水！

如果真的是这样，我们恐怕就永远看不到这位创造奇迹的女孩了！

沙莉文老师并没有放弃，或许她从没有放弃过。她带着海伦走到水池边，把海伦的小手放在水龙头下，让水流过海伦的手，然后又在海伦的手心写下"water"（水）这个词，从此海伦就牢牢记住了，再也没有弄混过。

海伦后来回忆说：

不知怎的，语言的秘密突然被揭开了，我终于知道水就是流过我手心的一种物质。

就是依靠这样的方法，海伦掌握了法语、德语、拉丁语和希腊语。既听不见也看不见，却掌握了五门语言，海伦创造的奇迹被称为“教育史上最伟大的成就”。

考考你：

海伦的一生是怎样的？

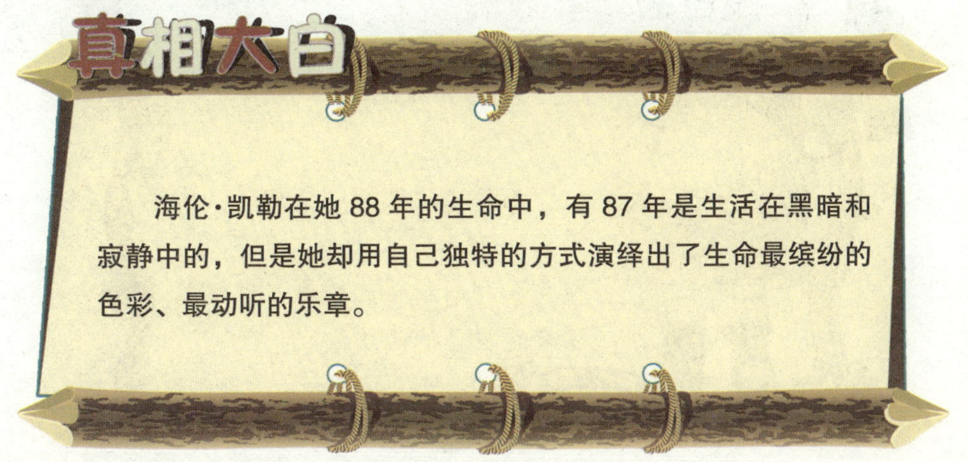

真相大白

海伦·凯勒在她 88 年的生命中，有 87 年是生活在黑暗和寂静中的，但是她却用自己独特的方式演绎出了生命最缤纷的色彩、最动听的乐章。

不过，沙莉文老师认为，光是懂得认字而说不出话来，仍然不方便沟通。可是海伦既听不见别人说话的声音，又看不见别人说话的嘴型，所以尽管她不是不能说话的哑巴，却也根本不会说话。

为什么我们通常说“十聋九哑”？

从学说话开始，就是边听边说的。如果听不到自己的发音，就无法判断说话的效果，也就无法表达自己的想法。

为了克服这个困难，沙莉文老师又为海伦请来一位专家，教她用手去摸别人说话时嘴型的变化，感受鼻腔吸气、吐气的不同来学习发音。这简直就是不可能成功的事情，但是执着的海伦却做到了。

通过沙莉文老师的帮助和自己的努力，海伦·凯勒奇迹般地考入哈佛大学德克利夫女子学院并顺利毕业，成为世界上第一个完成大学教育的盲聋人。她还用自己生命的全部力量四处奔走，建立起了一家专门为盲人、聋哑人服务的慈善机构，为残疾人造福。

考考你：

海伦·凯勒的名言有什么？

因为在我生活的漫长黑夜里，我读过的书以及别人读给我听的书，已经变成一座伟大光明的灯塔，向我揭示出人类生活和人类精神的最深源泉。

让我们一起来记住海伦·凯勒留给我们的几句话吧，相信它一定也会激励着你！

黑暗将使人更加珍惜光明，寂静将使人更加喜爱声音。

——海伦·凯勒

仅仅靠触觉就能感受到这么多的幸福，那么，如果能看见，我会发现多少更美好的东西啊！

——海伦·凯勒

忘却自我中有着快乐。因而，我要努力把别人眼中的光明当作我的太阳，把别人耳中的音乐当作我的乐曲，把别人唇上的微笑当作我的幸福。

——海伦·凯勒

我的身体虽然不自由，但我的心是自由的。就让我的心超脱我的躯体走向人群，沉浸在喜悦中，追求美好的人生吧！

——海伦·凯勒

只要朝着阳光，便不会看见阴影。

——海伦·凯勒

为什么说毕加索是现代艺术的创始人

疯狂的名人科普馆

毕加索（1881 年 10 月 25 日—1973 年 4 月 8 日），西班牙著名画家、雕塑家，20 世纪现代艺术的主要代表人物之一，他的作品总计近 37 000 件，包括：

考考你：

毕加索给自己画过画吗？

真相大白

毕加索一生从没给自己作过画。1973 年 4 月 7 日，92 岁的毕加索在雅克琳的陪同下，走到大厅的镜子前，说：“明天，我开始画我自己。”遗憾的是，第二天毕加索就去世了。

油画 1 885 幅，素描 7 089 幅，版画 20 000 幅，平版画 6 121 幅，遗世作品也有 20 000 多件。毕加索是少数能在生前“名利双收”的画家之一。

虎父无犬子

毕加索的父亲是一位画家，专攻自然素描鸟类等动物，一直担任西班牙一所工艺学校的艺术教授和当地美术馆馆长。毕加索或许遗传了父亲的艺术天赋，很小的时候就展现了对绘画的热情与天赋。根据毕加索母亲的说法，毕加索第一个会说的话是“皮兹、皮兹”，是西班牙“铅笔”的简短发音。

毕加索 7 岁开始正式跟随父亲学习人物素描和油画。一次，一时手痒的小毕加索趁父亲不注意把他未完成的鸽子素描涂上了颜色，被发现之后，做好了挨揍准备的小毕加索却意外地得到了父亲的夸奖。因为在仔细观察毕加索的笔法后，父亲深深觉得这个 13 岁的孩子已经超越了自己，并发誓从此不再绘画。

洁繁的作品

毕加索去世时已经 92 岁高龄了，但是还是有人将他称为“世界上最年轻的画家”。你知道这是为什么吗？

这是因为即使 90 岁时，毕加索拿起颜色和画笔开始画一幅新的画时，始终如同婴儿第一次看见这个世界一样。

2004 年 5 月 5 日，在纽约苏富比拍卖会中，毕加索 1905 年的一幅油画作品《抽烟斗的男孩》以 104 168 000 美元售出（查出来这是多少位数字了吗），创下了单幅画作拍卖的最高纪录。

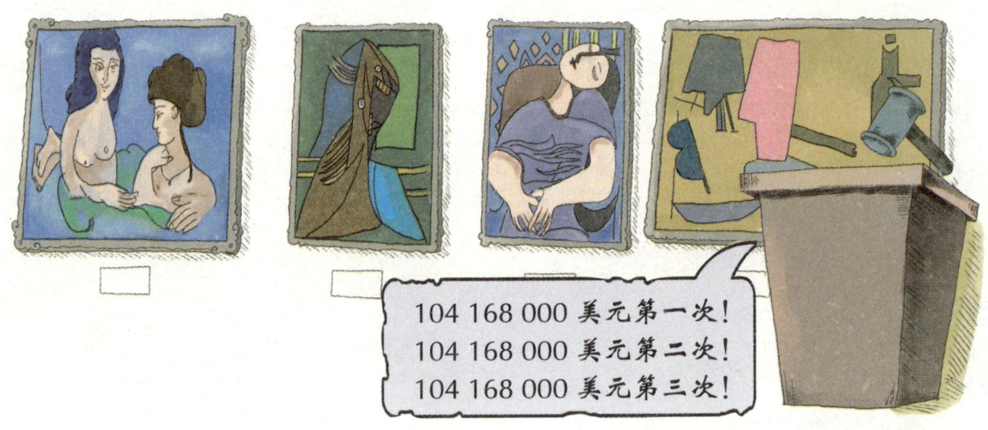

考考你：

毕加索是如何处理仿冒品的？

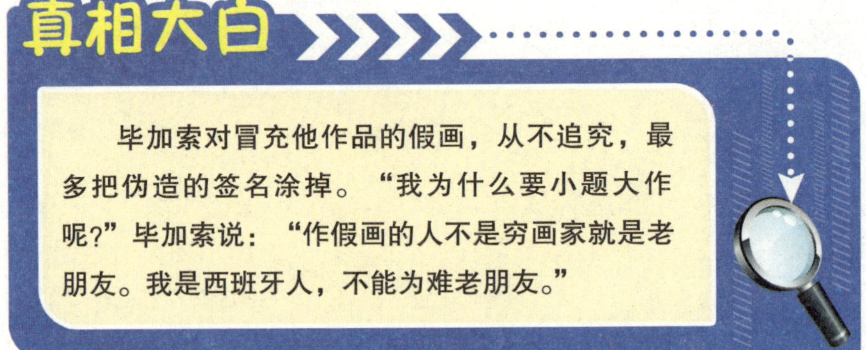

真相大白

毕加索对冒充他作品的假画，从不追究，最多把伪造的签名涂掉。“我为什么要小题大作呢？”毕加索说：“作假画的人不是穷画家就是老朋友。我是西班牙人，不能为难老朋友。”

毕加索一生都致力于绘画的创新，他利用西方现代哲学、心理学、自然科学的成果，吸收民族民间艺术的营养，创造出了很有表现感的艺术语言。后人

考考你：

毕加索的绘画论是什么样的？

一次，一群崇拜新花样的艺术青年，去请教毕加索，问他按照立体派的原则，画人的脚该画成圆的还是方的。毕加索以权威的口气回答说："自然里根本就没有脚！"

巴勃罗·毕加索

荣登 20 世纪最伟大的十大画家之首

在我们进行的民意投票中，已故西班牙画家巴勃罗·毕加索以 40% 的高票当选 20 世纪最伟大的十大画家之首！

把他浩繁的作品分为不同的时期——早年的“蓝色时期”“粉红色时期”，盛年的“黑人时期”“分析和综合立体主义时期”，后来的“超现实主义时期”。

在毕加索的画中，人们还可以强烈感受到他的爱憎。他反对战争，希望和平安宁。他的《格尔尼卡》《战争》和《和平》都是为了抗议战争而创作的。至于他的《和平鸽》，更是世人所熟悉的名作。

看完才知道

毕加索的作品不仅受到收藏家们的欢迎，还很受小偷们的欢迎！他的现存作品已经有 1 147 幅被小偷偷走了！

考考你：

毕加索也买不起自己的画吗？

真相大白

友人发现毕加索家里的墙上挂着的全是别人的作品，毕加索自己的倒一幅也没有。“难道你不喜欢自己的画吗？”友人问。“不是，恰好相反，”毕加索说，“我非常喜欢，可我买不起。”

1973 年 4 月 8 日，这位欧洲画坛的巨匠带着和平的愿望在法国南部的穆丹逝世，长眠在地中海边的墓地中。

图书在版编目（C I P）数据

追忆功绩卓越的领袖风采 / 崔钟雷主编. -- 北京：知识出版社，2014.8

（超级疯狂阅读系列）

ISBN 978-7-5015-8159-7

Ⅰ. ①追… Ⅱ. ①崔… Ⅲ. ①政治人物 – 生平事迹 – 世界 – 少儿读物 Ⅳ. ①K817-49

中国版本图书馆 CIP 数据核字(2014) 第 181158 号

超级疯狂阅读系列——追忆功绩卓越的领袖风采

出 版 人 姜钦云
责任编辑 易晓燕
装帧设计 稻草人工作室
出版发行 知识出版社
地　　址 北京市西城区阜成门北大街 17 号
邮　　编 100037
电　　话 010-88390659

印　　刷 北京一鑫印务有限责任公司
开　　本 700mm × 1000mm 1/16
印　　张 8
字　　数 80 千字
版　　次 2014 年 8 月第 1 版
印　　次 2020 年 2 月第 4 次印刷
书　　号 ISBN 978-7-5015-8159-7
定　　价 28.00 元